汪淑媛——著

# 與己同在

## 寫給茫然時的你我——

# 熱情推薦

（依姓氏筆畫排序）

如果生命的軌跡，就是一路上我們所做的每一個選擇——普魯斯特用輕盈精巧的文字掙脫受困而無從選擇的生命，成就了一部讀不完的沉重作品。汪淑媛以樸實無華的敘事，反覆檢視每個存在的軌跡，用這本小書揪住你的呼吸。

——王派桓，104人力銀行用戶研究總監

如何打開心，讓光照進，也讓自己看見，許多人終生無法悟得。我與淑媛的研究室在隔壁，共同有課的日子經常一起在研究室吃午餐聊天，那是我在上課之餘的美好時光。我們談，到了中年，企求人生的無懼與自在，讀完淑媛這本書，我相信面對自己、無懼與自在都已在書中流轉，深深讚嘆！

——王珮玲，暨南大學社會政策與社會工作學系教授

對甚麼都充滿好奇是我對大學同學小汪的印象，這回剖析起自己，回頭救援跌撞破碎的

自己，從書中看到依舊充滿真誠熱情的她，對過去已有了新的詮釋與看見，如她所說，歷經數十年光景終於等到這一刻，有緣閱讀的讀者是幸運的。

——田基武，衛生福利部社會及家庭署主任秘書

讀完此書，我才算真正明白「西天取經」的八十一難真義，也讓我深深領悟到，最難的全然不是唐三藏取經時所經歷的人魔對抗，而是必須如同鐘擺般在**自我的精神自由與顧及全體關係中擺盪**。我倡議**女性關懷倫理學**，**強調真經的取得並非來自遺世獨立的沉思，而是在真誠面對自我需求與他人需求之間，尋找平衡點的關係共在性**。好友淑媛的新書中，處處都是冰火兩重天的困境，也處處顯示著**生活的行進不是「自由意志」與「被決定」二元的是非題，愛與真誠是在冰火中長久打磨出來的！**我的女性關懷倫理學課程，終於可以有好的教材！

——吳秀瑾，中正大學哲學系教授

打開書，那些放心不下的人開始浮現，那些念念不忘的事情也會重新經驗。闔上書，發現這本書的獨特，在於牽引著我去體會生命中的那些人和事都有不可取代的意義。

——吳書昀，暨南大學社會政策與社會工作學系教授

生命原本是就是孤單無常的，唯有在和其它生命交會時，認真誠懇的面對，才能在不斷的波轉中讓我們感受到存在與真實。淑媛的文稿讓我想起她那時憂慮及焦切，但又很誠實、真誠地努力面對生命中的種種，這本書值得在探索生命的你我閱讀、感受。

——呂明哲，南華大學應用社會學系助理教授

看了C的故事，不由自覺地掉了眼淚，也看到作者的韌性與成功的原因，我真的很喜歡這本書。

——汪欣頡，電機科技工程師

曾經的日子依然一日一日地過著，深埋於記憶，像地心的幽暗街道。那些地方都還在，人們也沒什麼改變。只有我們老了，匆匆來去。不過都值得，因為我們見到而且照料了當年的自己，然後可以繼續前進。這本書是這樣的故事。

——汪冠廷，藝術家

打開書稿，一口氣就讀完了，故事咄咄逼人，我發現自己全程必須憋著那口氣，但也正是這股強大的生之動能，推著我們書寫創作，驅使我們在暗裡找光，教導我們用溫柔對待自己和他人的必要。

——陳文玲，政治大學廣告系教授

這是一本發人深省的好書！如果你好奇汪淑媛教授的人生經歷，你會讀到比穿越劇更精彩的情節；如果你願意順著她的思考模式，在迷茫時學會不斷地探索自我的本質，你將有意想不到的收穫。

——張美得，紐約史隆凱特琳癌症紀念醫院醫療口譯專員

一口氣讀完初稿。思索著一位心理學家寫自己的故事，最吸引人的是什麼呢？除了情節之外，因為作者了解人性、理解人性，所以能在細微處呈現一般人看不到、想不明白的心理狀態或轉折。

——彭之琬，啟示出版總編輯

能讓我一口氣想讀完的書不多，這本書就是。打開檔案，吃飯洗澡外就沒離開過椅子。作者一步一步踏過命運鋪陳的荊棘，鍛鍊內在，觀照自己，努力如其所是，她讓我們了解，我們都可以成為自己的貴人。

——楊雅婷，社工師

contents

〈作者序〉

# 也寫給想靠近自己的你

寫這本書是意外，完全不在計畫裡，尤其寫出三十年前留學之痛，更是始料未及。

二〇一八年的暑假，突然發生年方二十歲的親人，意外過世的悲劇，覺得被徹底打敗了，隨之而來的強烈無力感，再度將忙於工作、在人際間不停旋轉的我拉回，回到過去，回到生命深處。

新的傷還很痛，無法說，無法寫，但舊傷也不見得不痛，也不覺得能說能寫。只是，當再次被人生無常震撼的那一刻、感覺死亡就在頂上盤旋時，很需要與自己在一起，與自己安靜地相處，無論是怎樣的自己，不想躲不想逃，好像也無處可去。

只是，雖然想獨處，但也下不了決心斷絕一切，閉關隱居，我想我是不捨親朋友人學生與某些喜愛的工作，也好像沒多大信心能孤獨過生活，不確定這是一時的衝動逃避，還是更深層的內在聲音。於是我仍繼續在學校當老師，上台講課，當導師，當著家族下一代的長輩，繼續有人來問問題，或討論困境出路。

表面上沒什麼改變，但我感覺到越來越不確定該如何指引學生迷津？該怎樣為人師？為人長輩？周圍環境變化這麼快、這麼巨大，每個人與生俱來的智力、性情、以及生活條件都不相同，該說什麼或不該說什麼，總讓我進退失據，讓我語塞。

而另一方面，面對自己的人生，也再度覺得茫然，時間越來越有限了，我要繼續過現在忙碌匆匆的生活嗎？要繼續站在講台上當傳道授業解惑者嗎？

我常發現，在專注告訴別人怎麼做，在急著傳達自己所學所知時，我也一不注意就逐漸遠離了自己。當沒時間安靜下來，不停止地轉動，在上課或回答學生問題時就會心虛。我該怎樣回應我的工作與社會角色，又同時不要失去自己？很多事不可說、無法說、沒人能說；很多問題困惑著，光是想，也是想不透釐不清。我漸漸養成習慣，在清晨或夜深無人時，對著電腦慢慢打字，以書寫的方式，與自己靠近，與他人靠近，與這奧秘的宇宙靠近。

只是，這本書可能把自己寫得太具實入骨，以致總編輯之琬讀過之後寫信說：

週四晚上一口氣看完妳的書稿，很恍惚！

沒想到妳是這樣過來的。

第一次在怡客咖啡廳看到妳時，曾有一種說不上來的感覺——

沒有教授的凌人氣勢，而是溫軟得有些摸不著。

原來妳的生命歷程竟是如此的撼人。

不過，妳在大學教書，能這樣顯露自己嗎？完全坦呈自己？

我不懂學界，也不懂學生的。

知道總編一口氣讀完初稿，讓我覺得這本書也許不僅是我個人的生命歷程，或許有總編想看或想知的共通議題，才能在整日工作過後的夜晚一口氣看完。之前請藝術家的姪子汪冠廷試讀初稿，也是一口氣讀完告訴我說：「姑姑，這本好看。像讀小說，但是真的。」藝術家總是批判性強又誠實，能讓冠廷一口氣看完，或許他也在書裡發現一部分的自己，也重新認識了他的親人。

不過，總編憂心地問我，我在大學教書，能這樣顯露自己嗎？完全呈現自己嗎？這個問題我其實也想過，到現在寫序仍在想，雖有某種程度的忐忑，但還是不知道確實的後果是什麼，會怎麼受傷？

這讓我聯想到《榮格自傳》書裡，榮格與佛洛伊德的一段對話。

他們一起坐船從歐洲出發到美國演講，發表剛萌芽不久的精神分析理論，在漫長七星期的海上旅途中，兩人每天討論並詮釋彼此的夢。有一天佛洛伊德做了一個夢，榮格盡最大能力加以詮釋，並告訴佛洛伊德說，要是他能提供私人生活的一些細節，他便可以做出更多的解釋；但佛洛伊德回答說：「我可不想拿我的權威來冒險！」*。

佛洛伊德的理性考量當然很有道理，他很清楚夢反映個體潛意識裡更真實的自己，真實的自己與呈現給外在世界的自我形象可能落差很大，若讓人發現，那他好不容易建立的權威還能維持嗎？但榮格認為，佛洛伊德**將權威置於真理之上，就已經喪失了自己的權威**。二十年前讀這本書時，對他們之間的這段對話印象相當深刻，至今難忘。

大學教授經常享受社會所賦予的知識道德典範光環，若讓人知道我其實也經常茫然進退失據，質疑自己曾經相信的理念，讓人知道我也曾離經叛道，我還能在學術界立足嗎？我會失去社會他者對我的信任嗎？我猜想，這可能是所有關心我的人都會擔憂的。

那我自己會焦慮嗎？當然會，寓居於世，我總會在意他人的觀感，也需要別人的

* 劉國彬、楊德友合譯（1997，C. G. Jung原著），《榮格自傳—回憶、夢、省思》，頁二一二，台北：張老師文化。

認同與善意，在社會中才有生存空間。

但另一方面，或許我也在意自己有沒有自知之明？有沒有自欺欺人？有沒有認同自己？當我開始懷疑自己過去的認知信念，看見了不誠實或不以為然的行為，卻因為害怕失去權威而沒勇氣自我批判，沒勇氣讓他人知道時，那我也不覺得自己還值得他人的信任。

人生有大部分傷害是來自他人，致使多數人沒有勇氣去做自己，也不相信自己，不敢讓自己曝光，尤其是陰暗雜亂的角落。持續的自我逃避，不敢靠近自己，最後連自己真實的樣子也無法辨識了。**誠實做自己是冒險，但是與自己疏遠疏離，把自己給藏起來，風險可能更大，失去得更徹底，別人的傷害是暫時的，但自己對自己的傷害卻是日以繼夜不止息。**

當代存在主義精神分析師歐文．亞隆在《史賓諾莎的問題》書中指出：「誠實而開放地談論你關心的事」就是治療工作*，我深有同感，我甚至覺得一個人能誠實開放地談論或寫所關心的事，是很舒暢愉悅的。然而，談論自己關心的事，幾乎不可避免與他人相關，畢竟我們活在關係裡，許多的美好與傷害都與他者相關，誠實開放一旦擴大到諮商室外並公諸於世，可能因為對人對事的了解或同理不足而傷人，也可能被價值觀不同的他人所傷。

但怎樣能如其我是，又不傷人被傷，這如藝術之養成，仰賴長期的磨練。我雖有勇氣誠實地寫，但智慧心量與表達技能都是不足，仍會擔心傷人傷己，因此在出版前，請多位親朋好友，包括在書裡出現的人幫忙閱讀。另一方面，其實我也想被理解，謝謝他們多年來的支持與包容。感動的是，這些讀過初稿的親朋，不但誠實地提出他們的看見，修正我的偏執，甚至協助推薦此書。

十多年的同事詹宜璋教授，不但與之前一樣仔細閱讀每個字句，校正我的錯別字以及不通順的語句，在文稿最後的空白頁，用鉛筆寫下幾個大字，像書法家一樣非常美麗的字體，堅定溫柔的人格躍然紙上。他說我好勇敢「誠實面對自己曾經活過的一切存在與感受」，但他也問我幾個問題：

這書，想給誰看呢？
怕給誰看呢？
還是，作者已死，

＊易之新譯（2013，I. D. Yalom原著），《斯賓諾莎的問題》，頁二六六，台北：心靈工坊文化。

書自有生命、際遇？

他的提問，我想了幾週。書想給誰看呢？

原本僅是為了回答正在當社工的晚輩「人生何去何從」的大哉問，寫著寫著，竟然就寫入自己，往事一幕一幕現前，過去與此刻不斷交錯重疊。

大概寫到三分之一時，已經沒有想要給誰看，想幫年輕女孩的任務也暫時擱置一旁，就只是想寫。好像爬山的人一樣，一開始知道想去爬哪座山，走了一個岔路，前方無路，但仍想往前走，不想回頭，沿途不斷地找路，茫然不知自己身在何處，不知道終點在哪，幾番掙扎，汗流浹背灰頭土臉一步一步向前走，才暫時爬到一個安全的地方，發現了不曾見過的風光，遇見不曾相認的自己。

這書的開始，是出現在臉書的訊息方塊。

二〇一八年的暑假，我在紐約這頭快速敲鍵盤，在線上與地球另一邊的她對話，沒想到議題一個接一個出現，一個尚未完成，下一個已經在等著，我越打越多，最後發現我所揭露探尋的各種存在議題，譬如自卑、自由、錢、權力、關係、愛情、原生家庭、人性陰影、創傷因應、自我探索、生涯發展、孤獨、個體化、宗教、靈性發展、死亡、失落悲傷等等，幾乎也是所有人都會持續不斷經歷，必須去面對的共通問題，才開始考慮出版。

隔年暑假我又回到紐約，離開前想選幾本中文書一起去旅行。不知為何，寫完《與己同在》之後，書架上很多書好像都離我而去，覺得可以捐給圖書館去陪伴他人了，書房與臥房的書都瞄了一遍，包括一堆還沒開封的新書，就是沒發現一本很想看的，最後目光終於停留在普魯斯特的八冊《追憶似水年華》。這一套書買了將近十年，只讀過第一冊，也是很多年前在紐約讀的，然後就一直放在臥房書架上，我取出一、二冊塞入旅行箱。

到紐約的第一、二週，因為時差，經常日夜顛倒，白天狂睡，深夜清醒，在小公寓裡，無處可去，無人可談，我開始重讀《追憶似水年華》第一冊*。羅大岡作序寫說：

他（普魯斯特）認為人的真正的生命是回憶中的生活，或者說，人的生活只有在回

* 李桓基、徐繼曾譯（1992，普魯斯特原著），《追憶似水年華I：在斯萬家那邊》，台北：聯經。

憶中方形成「真實的生活」，回憶中的生活，比當時當地的現實生活更為現實。

這段話讓我強烈共鳴，在異鄉安靜的深夜裡振奮莫名，之前不太能理解，為何回憶中的生活，比當時的現實生活更為現實，此書寫完，一切都清楚了。**回憶或探索自身，並非複製重現，是新的看見與創造。處在滾滾紅塵的當下，身體要平衡都很困難，能看見的，能感受的，都有限，只有在風浪過後，在一個安全處，慢慢回憶記起內在的波濤，才能看見更完整的現實，看見之前看不到的連結與因果。**

普魯斯特在第五十一頁裡描述他因一小塊兒時常吃的餅乾「小瑪德萊娜」，身體發生非同小可的變化，他感覺一種舒坦的快感傳遍全身，超塵脫俗，只覺得人生一世，榮辱得失都清淡如水。他說那情形好比戀愛發生的作用，它以一種可貴的精神充實了他，使他不再感到平庸、猥瑣、凡俗。他問這股強烈的快感是從哪裡湧出來的？下面這段自問自答，字字相連，句句相扣，我無法摘要擷取，只能全部引述：

也許，這感覺並非來自外界，它本來就是我自己……顯然我所追求的真實並不在於茶水之中，而在我的內心。茶味喚醒了我心中的真實，但並不認識它，只有我的心才能發現事實真相。可是如何尋找，我毫無把握，總覺得心力不逮；這顆心既是探索者，又它應該是探索的場地……。探索嗎？又不僅僅是探索；還得創造。這顆心面臨著某些還不存在的東西，只有它才能使這些東西成為現實，並把它們引進光明中來。

這段書寫真精彩，我尤其喜歡他說心既是探索者，又是探索的場域，但又不僅僅是探索，還會創造，某些東西原本是不存在的，但「心」可以去發現創造。他是法國人，是男性，穿梭上層社會，早我出生九十一年，無論是時間、空間、文化、性別、年紀、以及社會階層，我與他的差距實在太遠太大。但是，上述這段話，卻很貼近具體地描繪我寫這本書的狀態與感受，尤其創造的部分特別讓我觸動，不僅過去被重新創造，此刻的自己也起了變化。

這書又是怕誰看？決定出版這一刻，這大致就不是議題了。因著各種不同的社會角色與起伏曲折的人生經驗，人活著總會產生陰影，**陰影隨時會揮舞上台，成為主人，有時誇大，有時矮小，有時扭曲，但它不是本尊。**

多數人都曾讓陰影上身，或誤將他人的陰影當本尊。譬如大學教授被學生、社會仰望時，會顯出誇大的巨影，而曾被暴力壓迫的人，陰影可能是捲曲微小，**像尺寸不合的**

**衣服一樣，穿在身上並不自在，能有機會在沒有光的黑夜裡摸索，感覺真實的自己，然後以不大不小剛剛好就是本來的樣子與人相逢，是相當自在解放的時刻。**

我經常在找書讀，找可以伴我孤單，點破我無知，撫慰我傷痛，離開無聊茫然感，能陪我安心入睡的書。書一直是我的人生依靠，卻沒想到過了半百之後，我逐漸成為書的創作者，至今覺得夢幻不真，這怎麼可能？雖然每天對著電腦空白螢幕打下思緒，這習慣從留學時代開始至今已經持續了二十多年，原本並沒有預期會公開，但越寫越多時，有些書寫自然開始群聚成為一個獨立的存在，或許正如同事所言，書自有生命，想要離開作者自己去旅行，去與人交會，穿梭世間。

雖然書的開始來自偶然的契機，但我感覺到它急切地要成型成長，獨立自主，儘管我一直不安，覺得它還沒準備好，一直不放手。然而，一年多來，我一遍一遍重讀微改補充，每次都感覺到它有一股讓我安靜下來的魔力，雖然我還不知道那是什麼。因此，最近只要有年輕人要詢問人生方向，問我如何找自己時，就請他們讀初稿，結果總是比我對著他們說千言萬語有用。

人生太艱難，一不小心就受傷，一不注意就迷路或失去自主，我們都有這樣的時刻，而且不斷地反覆重演。**找自己、做自己不容易，得承接他人的質疑，也得為自己的**

**抉擇負責。只是，他人的眼光是短暫的，是可以遠離的，但自我懷疑卻是長期的折磨，如影隨形，若能提早練習與自己同在，相信自己，會比較可靠。**

書即將出版之際，整個社會被新冠狀病毒控制，世界各地紛紛鎖國封城，幾十億人被迫隔離或必須待在家中不能隨意外出。人類不停止地向外擴展，開疆闢土，征戰江湖，也許，病毒要我們學習與自己相處，看清楚自己的面貌，從自己內在發現真正的疆土，真正的寧靜。

這書，寫給想靠近自己，卻不時陷入迷茫的你我。

汪淑媛 寫於二〇二〇年三月二十九日　木女學堂

# 1 這一生要怎麼活、怎麼過，才能生死兩安？

Dear安，六月底（二〇一八年），二十歲的他，意外驟世，痛心，不捨，困惑，恐懼，無力……，難以理解，一個人怎麼可以這樣輕如鴻毛，不著痕跡就消失？

若生與死距離就這樣近，那活著時，許多我們認為的問題，一次又一次的患得患失，會不會變得很可笑？這一生怎麼活，怎麼過，才能生與死都兩安，而不是慌亂厭煩地活著，莫名其妙就死去？

生命同時既脆弱又強韌，天災人禍，內外夾擊，即使我們不做什麼，也有一堆病毒、細菌、甚至不友善的體內細胞，等著要攻擊我們。上週我與Bill在公寓地下室洗衣間，遇到一位來自以色列的年輕人，是吹薩克斯風的演奏家，剛從上海回來，我們讚嘆他很了不起，這麼年輕就如此有成就，他立刻說：「我不年輕了，我已經三十九歲。」

三十九歲？是年輕還是不年輕？我也不確定了，此刻，我已經五十六歲。三十九歲是我剛拿到博士學位的第二年，還滯留在紐約，不確定人生何去何從。是要待在紐約，每天早上寫作，晚上在曼哈頓的小公寓帶領夢工作坊？還是回台灣的大學院校找專職工作？我猶豫不決，直到畢業一年半後才終於回台灣教書。

## 破了一個洞的心

二十九歲時遭逢的巨大失落持續衝擊著我，至今將近三十年，仍不確定是否準備好說。當時我的論文是以統計量化調查為基礎的實證研究，但這種理性客觀、與自己情感疏離的學術研究方式，已經不能滿足我。或許，我的心已經破了一個洞，很大很大的一個洞，迫切需要的是療傷止血，我對生命有岌岌可危的強烈感受，無法繼續將自己擱置、勉強自己當一個不滲入個人情感的學術工作者，客觀地研究他者。

完成博士學位後第一年，我沒有立刻回台灣，也沒有動力找全職的工作，就在紐約跟著Bill學習帶領讀夢團體，自己也邀請台灣留學生，帶領中文夢團體。每隔三個月就坐火車到紐約郊外Ardsley小鎮歐曼醫師的家，參與三天的讀夢團體帶領人訓練工作坊，也經常去紐約聖嚴法師主持的道場打坐，固定清晨寫日記，翻譯一本小書《佛洛伊德與偽記憶症候群》，將博士論文改寫成期刊論文發表，打太極拳，夜晚讀書。

三十九歲時，即使只想過這樣簡單的生活，但是背後其實有隱憂，有不安，談不上優遊自在。無論意識或潛意識，其實有著很深的焦慮、悲傷。而在現實上，經濟的壓力也再次步步進逼，無法讓我繼續隱世。

因此，當你提到，從生活與社工實務經驗中，你看見父母對兒女的不公平，很明顯地表現在錢的分配上，我有些感觸。這些年來，我花了很多時間去了解自己，已經相當程度意識到錢如何影響了我的生活，也在努力釋放錢對我束縛，但我知道，要走出過去因為錢而造成的哀怨與沒有安全感，還有一大段路。

# 2 錢是個操控者，魔手魔腳、無所不在地干擾我們

錢在家庭裡，在每日生活中，在所有人際關係中，總是輕易成為爭吵鬥爭的導火線，許多衝突都與錢有關，我成長的家庭也不例外。也許因此，我總小心翼翼，不要因為錢而造成他人的困擾。

我少主動向家裡要錢，在美國打電話給父母報平安時，我爸總會問我有沒有錢，需不需要寄錢給我？我一定回答：「有啦」、「免啦」，但他仍會主動寄錢給我。想跟我爸爸要錢似乎不是很難，他心腸軟，手軟，不捨他人苦。問題是，我們家有五個小孩，大家會在意公平性，還有嚴格把關的媽媽，只要有人多花一點父親的錢，必會引起他人的不舒服，不平則鳴，爭吵衝突就隨之而來。

我在家中排行最小，大人（比我大的人）不太注意我的存在，因此他們的一舉一

動，我特別能看見。後來大學研讀社會學、心理學、政治學，發現這就是人類社會的日常，我的大家庭其實就是社會的小縮影。

對於公平性的堅持，我媽反正一致性地不給，所以沒什麼問題，但爸爸總是無法守住他人的情緒勒索，他心軟怕別人有困難日子不好過，沒有什麼特定原則，或許是看誰比較會用苦肉計，人生故事比較辛酸，眼淚比較多，就比較有機會拿到他的錢。他借錢給很多人，但有些人根本沒有還錢的打算，累積了不少呆帳，讓我媽非常不開心，無法欣賞爸爸的「好心腸」，反而批評他「虛榮」、「好騙」。

## 錢，控制了我們的存在

成長過程，經常聽到的大人話題都是錢，為錢所苦，為錢所困，由於錢能滿足許許多多的生活需求與欲望，掙錢存錢是生活的重要動力，卻也是人際間的恩怨根源。你現在當社工，一定也看見聽見了無數的家庭關係，都陷入錢的糾葛裡，為錢爭吵的家庭處處都是，我很少看見哪個家庭不曾為了錢而起爭執。

很多人因為錢，而失去了珍貴的親情、友誼、夢想以及與自己的關係，錢經常控制或影響了我們的存在。或許有錢沒錢決定了我們的存活，因為對死亡的恐懼，而給了「錢」

莫大的權力。在沒有全民健保的時代，一個失去腎功能的人，能不能繼續活下去是錢決定的，小孩能不能養活也是與錢息息相關，很多人生病是不敢去看醫生的，太貴了，又不能討價還價，就隨便去藥房買藥或吃秘方，然後，也是不明不白傷了身體或失去生命。

我媽雖然節儉、對錢看得很重，但她讓我敬佩的是，只要小孩生病就直接帶到幾公里外的小鎮、她信任的醫生看病。我小時候體弱多病，一天到晚看醫生，打針都打到手掌背面的粗血管了，她從沒有因為愛錢省錢而放棄我，讓我有機會活到今日。我總猜想，我媽可能是相當擔心一家人生病沒錢看醫生，怕沒錢救命，才這樣緊緊守住錢的。不過，我也常聽她說起因沒錢而被看不起的辛酸往事。

我沒有經歷因為沒錢而挨餓、受寒、生病不能看醫生、或不能上學的窘境。小時候，受限制的是不能吃零食，家裡的餐桌上沒有山珍海味，都是當季的地方菜，便宜多產的季節魚。農村長大的媽媽一直強調，當季的蔬菜農藥比較少，好吃又便宜。

錢不僅關係到生存的機率，也是個人尊嚴與力量的依靠，可以保護自己不被歧視霸凌，而不是為了炫耀虛榮或享樂。**只是，不知不覺地，當對錢的重視成為首要價值，對錢的計較算計已成為一種習慣，「只要有錢人生就會好」**的信念一旦建立，**錢就成為一個巨人，一個握有絕對權力的統治者，對我們的存在，到處魔手魔腳，無所不在地干**

**擾，甚至壓迫**。

存活於人類社會中，沒有錢，好像車子沒有油或電一樣，寸步難行，錢能買到許多東西，滿足各種欲望，但有了錢人生就一定好嗎？你從事社會工作很多年了，一定很清楚，事情並沒有這麼簡單，為了要賺他人錢，一不小心就會失去一部分的自己，可悲的是，等錢賺到了，那失去的自己有時也回不來了。如何與「錢」發展出相互主體的平衡關係，不排斥抗拒卻又能不貪求被錢所控制，或許是我們都必須學習的智慧。

# 3 茫然不滿，成了改變的開始

此刻的台灣應該已經深夜一點多，紐約和台灣時差剛好十二小時，據說是最難適應的時差，已經到紐約好幾天了，我日夜顛倒仍很嚴重，早上醒來已經十點多，在台灣都是清晨天未明就起床寫，現在是快到中午才打開電腦，開始一天的第一杯咖啡。

昨天黃昏走到家附近的Chelsea Market，是個頗有歷史的傳統市場，現在已經變成非常著名的紐約觀光景點，訝異發現我常去的一家很像傳統菜市場擺設的超市不見了，整個市場都是滿足觀光客的商品與吃喝需求，滿滿觀光客，觀光客，觀光客，我也是觀光客。

暑假時，從台灣出發到溫哥華，然後回到離開三年的紐約，已經當了快三週的觀光客，突然很不耐煩自己是個觀光客，很不想出門，覺得只要不出門，就不會是個觀光客，很鴕鳥吧！剛好早就想好好寫一封長信給你，這一寫，那種不耐煩自己的感覺竟然就消失了。這是很特別的感覺，寫信給你時反而比當觀光客自在舒服，身體比較有力氣，像專注於運動一樣，會產生愉悅感，心肺也變強了，可以輕易吸足氧氣，而且，終於去面對一件在心中擱置已久想做該做的事，也是很痛快。**原來，人處在不舒服狀態，不滿的狀態，茫然的狀態，也是有好的一面，是改變的開始。**

## 過去的時空，緩緩地在十一吋的筆電裡浮現

我有點不解，為何逛Chelsea Market的時候，心情那麼不好，突然很厭倦紐約，對Bill也沒什麼好臉色，看一切都不順眼，快樂不起來。遊客興奮地在哈德森河旁的惠特尼藝術博物館門前廣場隨著樂團跳舞，在路邊Café暢飲啤酒大啗美食，高聲談笑。

但我很疏離，覺得眼前世界與我一點關係也沒有。我與Bill也不說話，默默地走，他唯一有感而發的，是指著這裡那裡，細說他數十年前就在此地練習東方武術，在河邊打坐，當時這裡一片廢墟，都沒人，現在卻大樓高起，像蘑菇般迅速竄出，成為觀光熱點。他邊走就邊重複講一樣的話，我不知能說什麼。感覺我們是被時間擠出了這個空間的人，無論走到哪，都與過去重疊交會。然而過去已逝，朦朧不清。

這幾天在紐約，感覺自己就像天邊浮雲。但開始寫信給你之後，不知不覺，心竟然就慢慢安定下來了，透過十一吋的筆電鍵盤，緩緩地潛入過去時空。

回到你提起錢造成家庭的紛爭，我太有共鳴了，錢引發的問題像是一大串粽子的繩頭，一籮筐與錢有關的往事跟著被拉起。

我小時候的生活沒有旅行度假，沒有音樂，沒有課外書，與身體生存無關的，都是多餘的奢侈品，家裡少有。直到大哥到台北讀書，家中才開始有書與唱片。雖然父母會因為錢如何花用分配而大小爭議不斷，但並不曾因為沒錢而日子過不下去。

因此，我從沒料想到，我不到三十歲，尚未結婚，尚未生養兒女，還在讀書階段，就得面對錢對生命存活的威脅，深度體驗錢對生命尊嚴的巨大影響力，我必須想辦法賺錢。

唉！怎麼又回到二十九歲時的悲劇！再等等吧。

# 4

# 「自卑」是個巨人，曾緊緊抓住我的存在

今天早一點起床，打開電腦，不到八點，快速打下還記得的三個夢片段，寫點日記，然後去廚房準備一壺Hazelnut（榛果）咖啡。每次回紐約，一定會到格林威治村的Bleecker Street與第六大道之間的Porto Rico Importing Co.咖啡批發店，買一磅與榛果一起烘焙的咖啡豆。那家店很吸引人，陳列數十種咖啡豆，各自用棕黃色麻布袋裝滿，我曾稍微數一下，眼睛看得見的大概就有將近一百袋，香氣溢出街道。

味道會讓人回憶很多往事，早餐就一杯咖啡與一串無子綠葡萄，連皮吃。一切就位，邊吃邊打字，準備好要繼續寫信給你。此刻天色陰暗，有雨，有風；涼涼的風，氣溫從昨日二十九度快速降到二十三度，這樣的天氣讓人想窩在家裡，哪兒也不想去，也許今天能寫久一點。

昨日很想繼續，但已沒力，也寫到瓶頸。每天能盯著電腦打字的時間，最多也不過兩三小時，尤其在旅行中，原本的生活作息都亂了。

昨晚，我剛好讀完吳明益的小說《複眼人》，是旅行期間每天睡前看的書，衝擊蠻大的。作者小我九歲，卻能這樣深刻地看見生命，細膩溫柔地感知天地。我一方面被他的小說世界吸引，但翻到最後一頁時，也許是將與他所創造的世界告別，我焦慮又空虛，雖然是虛構的小說，但對我而言，卻又是那麼真實，書讀到底頁，這個陪我幾週的世界，像水被蒸發般，無影無蹤，然後呢？這些書裡的人物再也不知去向，不知他們後續生命如何。

而另一方面，我相當佩服作者吳明益，**怎能穿透這麼多人物的深層心靈，然後以不侵入讀者，不侵入小說人物的方式，呈現這些人的生命經歷，我覺得那得有很深層的同理、尊重、與愛**。他的看見與表述能力，讓我覺得自己很渺小，覺得自己的生活很觀光客，那種覺得自己膚淺庸俗，曾經跟隨我很多很多年的自卑再度來襲。

### 當自我厭煩升起時……

原來，我真正看不順眼的是自己，對自己感到厭煩；原來，**對外在一切人事物的不**

**耐，大半是自己與自己關係的投射**。這幾週，忙著打包離開被工作緊緊抓住的我，離開台灣，專心當起觀光客，我雖然成功地遠離工作，但與自己也有些遠了，幾乎重心不穩。

然而，不僅是因為出國打斷了生活作息，發生不久的家族悲劇也讓我茫然失焦，寫作習慣也中斷了。旅行時，很多事情要張羅因應處理，也會被沒見過的風景美食吸引，疲憊的時候就只想睡覺。很多時候，我並不會想起他永遠離開了的事實，但只要安靜下來，只要沒有在忙些什麼，或手上沒有一本書時，就會感覺頭頂上好像有烏雲開始快速凝聚擴大，空氣逐漸稀薄，呼吸困難，身體突然間失去能量，無力想吐。

我不喜歡無力的感覺，應該說，沒能量沒力氣的時候，身體是很不舒服的，連呼吸都很費力，就跟著厭煩自己，厭煩世間一切。

我想，我能活到今日，在這世間能有一個安身立命的位置，應該是運氣還不錯，總有些人陪著，有些事情讓我忙著，幫我暫時脫離那種自我厭煩，那種覺得孤獨渺小，膚淺庸俗無知的自卑。這一二十年來，我有意識地與自己靠近，看見**自卑曾是巨人緊緊抓住我的存在，也不知不覺，把與自己之間的對立關係波及到外在世界，與周圍的人有了衝突。**

# 5 終於明白，我無法勉強任何人多愛我一分

有時會簡單地自我分析，我會這樣沒安全感，主要原因來自家庭因素，例如是老么，是排行第五，沒有被期待生出來，出生之後也的確被忽略。在我之前，家裡已經有兩男兩女，沒有意願再生，卻意外有我。外婆曾告訴我，我媽曾想要「拿掉」我，但我爸不同意；也有人說，根據家裡過去一男一女的出生順序，我應該會是男生，而我的胎相看起來也像男生，以此來安慰生我意願不高的母親，但沒想到生出來是女的……。

成長過程，總覺得兄姊們對我並沒有什麼興趣或好感，也許我本身就不是一個討人喜歡的可愛小孩，我媽總需要小孩幫忙做很多家事，兄姊其實都很忙，但我笨手笨腳，不但無法分擔家事，還是大人們的負擔。也可能小時候家庭不寬裕，資源有限，兄弟姊妹之間的關係與所有生物的生存競爭本質一樣，也會有資源相爭的問題，多一個人來分

配父母的注意力以及有限的資源，理所當然會讓先出生的人產生焦慮與敵意。

印象中大姊很能幹，是我媽依賴的左右手，在家的權力地位穩固；二姊手巧細心漂亮，個性溫和，經常被村裡親戚長輩們讚美，非常受歡迎，深得信任喜愛；哥哥們因為性別的優勢，一出生就被重視。就這樣，哥姊們在家各自取得他們的位置，而我總覺得自己是顧人怨，不討喜的多餘。

## 低自尊造就了我的「恰查某」

我人生第一張相片是在小學二年級，而且不是獨照，是與家人合照。**有一天，我讀到灰姑娘的故事，好有共鳴，覺得自己與灰姑娘的處境差不多，開始少了一點孤單感，感覺世界的某一個地方，有人與我有相同的命運，也許這是我喜歡讀書的原因之一，在書本的世界裡，反而不孤單**。只可惜我一直沒等到仙女來幫我打扮，讓王子愛上我。

然而，隨著知識的增長與生活閱歷，我發現自我價值感低，其實還有很多其他不可改變的本質因素，與原生家庭或周圍的環境並沒有絕對關係。例如我體質差貧血易生病，天生的身體缺陷，影響了我的能力與悲觀善感的性情，但我直到三十八歲才發現有先天性貧血。記得小學的百米公尺賽跑，一開始我還能跑在前面，但沒多久就開始落後，上氣不接下氣，接著就跑不動了。

每逢假日，我媽規定小孩要在家幫忙清掃拖地，但我若蹲在地上擦地板，沒幾分鐘就頭昏眼花，可是她無法同理我的狀況，因為姊姊都沒問題，我怎會有問題，就說我「懶屍」（懶惰），為不想做家事而找藉口。她只知道我身體比較差，生病不容易好，但不知道我長期處在貧血狀態——我自己也是到了三十八歲才知道，因此某種程度也認同內化了媽媽對我的評價。

我的低自尊一部分來自體力的不足，來自手腳不夠靈巧，無論在家或在學校，都不能被長輩託以重任，被同儕信任依賴。除了沒有什麼用處之外，外表平庸不討好當然也是因素，總覺得自己很醜，無法讓他人喜歡我。

**弔詭的是，被忽略或低自尊的外顯反應不一定是退縮膽怯，有時為了求生存，常常展現更強的防衛與攻擊，反而更不討人喜歡，甚至會傷人。因為自信不足，也會越來越負面悲觀，容易放棄、易怒、怪罪別人，人際關係也不會很好。**一切的因果都是相互牽連循環影響，他者不會無端討厭我，我也不會無端討厭自己，總有蛛絲馬跡可循。

「恰北北」、「恰查某」、以及「講話很直很衝」這些標籤，從我懂事以來，好像就已經跟著我至今。

此外，我對於無法覺察自己內外不一致、言行不一，與自己距離很遠的人，特別沒有耐心。當終於看見這個人比較開放了，與自己比較靠近了，也比較強壯了，對這人之前讓我很悶、難以呼吸的感覺就會忍不住說出來。我以為我跟他的關係夠深了，以為他可以接受我的直言，但經常判斷錯誤，就傷人了。雖然話一出口，總立刻就後悔，卻已經來不及了，恨自己無法保持沉默。我為自己的浮躁，沒有同理心，格局低，心量小，無法包容而感到慚愧，也因為關係的破裂而不安，也得承受他人的厭惡敵意。這時候就會覺得人際關係很複雜，就會厭世厭人，很想躲起來，少與人互動，以免再度無意間傷了人，或者得勉強自己去忍受對方。

## 原來，壞脾氣也可以有好結果

不過，我也漸漸看見自己也是無法完全內外一致，言行如一，當我察覺到自己的外在行為與內在感覺不一致時，也相當不喜歡這樣子的自己，但一方面也覺得慶幸能發現，知道自己都難以做到時，對他人就比較不那麼嚴苛，也會更努力想經濟獨立，精神獨立，少點欲望，盡量不依賴他人，避免自己處在無法內外一致的情境。

現在比較能快速看見那個很衝的我，可以早一點止住，但有時我也會欣賞自己的直接與行動力，這樣的性情讓我能抵抗威權者，少一點社會意識形態的影響，掙脫他人的操控，長出自己的樣子，也少了很多不必要的壓抑，去過想過的生活，壞脾氣也是有好結果，不用與自己太計較了。

我一直認為，與大家一樣有平等的機會到學校上學，是我人生的救贖。因為學生的身份，不得不離家；離家其實不容易，儘管家不完美，離家在外面生活是很不容易，外面世界有很多的未知與挑戰，只要離開家，我就會開始想家。卻因為讀書，家越離越遠，因此有機會進入更大的世界，見識他人的生命樣貌，也體驗了各種存在的可能，逐步發現自己。

會被社會學、心理學、發展心理學這類知識吸引，或許與自己一直無法有確定的歸屬，對自己生命處境茫然不安，不知能做什麼有關。**小時候我少被注意，之前覺得自憐，但後來研究人的發展，逐漸體會，不被注意某種程度也是一種幸運，反而享有較多的自由，沒有太早承受他人的期待、監督、雕塑而定型馴化，或因為無法承受他人的期待，為反抗而反抗，憤世厭世。**我至今對自己，對外面世界依舊好奇，保有一點野性，仍喜歡從書本裡，從真實的生活體驗中，從各種方法去探索未知的自己與周圍人事物。

然而，認識自己、接納自己，實在是一段相當漫長的過程，得從一件一件小事練習，慢慢地自我鍛鍊重新建構。還好的是，比起想改變他人，改變自己其實是容易許多。有了一些成功的自我改變經驗之後，人生開始比較有希望感。尤其讓我驚奇的是，當自己變了，別人對我的態度也跟著變，過去的人際紛擾也慢慢撫平。這讓我對自我研究越來越有興趣，也更有勇氣積極行動，努力成為自己喜歡的人。**我逐漸野放自己，提醒自己，不要用繩子拴住自己，操控自己，評價自己，讓自己放生，去冒險。自卑總還在，如影隨形，但漸漸地，已不是唯一的存在，其他的自我漸進發展，如原始森林的多元豐富生態，可以彼此制衡或相互幫忙，穩穩抓住土地，不至於遇到風暴就瞬間崩解。**

## 學習「專心睡覺」

譬如，學會睡覺這件事，因為剛學會不久，還不是很穩定，所以特別有興趣講。學習睡覺、改善與睡覺的關係，這對我而言是大事，不是小事。睡覺是每天最好的野放時間，放下一切，專心地睡，說起來很容易，但直到五十歲前，我其實很難好好睡覺、享受睡覺，經常從惡夢中醒來。大腦總抓著一堆想法，或被很多情緒霸占而難入睡，即使睡著了，這些思緒也仍繼續作用，睡覺品質很差。

一直到近幾年，我積極地將「好好存在」當作目標，覺得只要能享受睡覺，每天就有三分之一的時間是滿足美好的，成本效益相當高，好像擒賊得先擒王一樣，才終於與睡覺建立比較親密的關係。

或許我不該說「學會」睡覺，而是應該用「恢復」睡覺的本能。如果你注意觀察剛生下來的嬰兒，他們多數都很擅長睡覺，原本應該是我們的本能，但這能力會受後天環境的影響。例如胎兒期間透過母親的心跳與血液流動，而傳染到母親的驚嚇、焦慮、悲傷、或憤怒等情緒波動，或是生下來之後，一次一次的受傷或被忽略，生理需求沒有滿足，越來越沒有安全感，無法放鬆，這些都會嚴重影響睡覺品質。

過去的創傷，即使意識已經記不得，但仍會有感覺記憶，不過我相信只要開始察覺，開始用對方法，人的修復能力其實是很強的。

睡覺是很神奇的，像是變魔術一樣，如果很專注，完全放下一切，完整睡覺有神奇的療癒力，可以增進大腦智能，可以轉化人的性情，完全放下一切，完整不受干擾地睡一覺，醒來就像是重生一般。在研究所讀認知發展與記憶這門課的時候，經常提到睡覺對智力發展的重要性。當我們進入睡眠狀態時，表面上失去意識，好像什麼都不知道，但其實我們身體所有器官，包括大腦，都在努力工作，清理消化白天大量消耗的殘餘垃圾，持續製造新細胞取代每日死去的細胞。大腦還會處理我們醒著時接收到的資訊與刺激，也會透過夢來告知我們事情的真相或可能面臨的危機。

因此，**當我覺得無能無力、厭煩自己、厭世的時候，就想辦法讓自己好好睡覺。後來注意追蹤證實，我的無力煩躁，甚至沮喪憂鬱，多數與身體疲憊有關。**

我漸漸感受到睡覺的神奇力量，也越來越謙卑地將睡覺當神般敬重、臣服。注意睡覺空間的整潔美感，空氣的流通、床單的質感、色彩的協調、房間的氣味、寧靜、適當的溫度等。睡覺的地方是神聖的，要虛心善待專心一意，神才會來，神也才會良善溫柔。

## 愛不能勉強

小時候，家裡大人總說我邋遢髒兮兮，吃飯時，胸前衣服會沾滿食物，東西用了不會歸位，做事情很草率。舉證歷歷，讓我無法辯駁，我也認同了別人對我的看法，覺得自己就是一個粗野沒教養的人。

長大後開始自我鍛鍊成為自己想要的樣子，慢慢發現多數的能力都是可以逐步學習而來的，即使最不擅長的家事清理。當確定即使是睡覺這件超難自主的事都可以經由練習而改善之後，我快樂許多，對未來也比較樂觀，縱然已過了半百，覺得生命還是會有很多的驚喜。

現在覺得，**成長過程的挫折和不滿足其實也不是壞事，雖然是造成易焦慮、沒安全感的氣質，但也造就了困惑、好奇、不斷想探尋生命出口的特質**，就像肚子餓了，才會有動力去找東西吃，慢慢鍛鍊出餵養自己的能力。因為自己的經驗，也比較能同理他人的處境，了解他們當下就只能這樣回應周圍世界、這樣處事待人。

我也明白，**我無法勉強任何人多愛我一分，多給我一點什麼**，包括我的父母、兄姊，我的小狗，以及我的伴侶，他們隨時都會轉頭不理我。我已經能接受，**愛無法勉強，強求的愛已經不是愛**。

這或許是因為與自己漸漸靠近，每天必要的書寫、讀書、睡覺，已經占去了一天的大半時間，我對夢好奇、對許多事物好奇、喜歡游泳走路爬山、喜歡煮點東西、喜歡打掃整理，喜歡靜坐、喜歡吃美食、幫小狗刷毛洗澡放風、養花草、喜歡很多人，還想學很多東西——譬如正在學的古典吉他——覺得這樣過日子還不錯，也就沒有特別期待誰來愛我。

但奇怪的是，我反而與親朋好友越來越親密，與家人、同事、學生、新舊朋友之間日漸交織出綿密的網絡，時間總是不夠用，這是年輕時的我完全無法想像的。**人間萬象充滿弔詭，有些事情不再渴求強求，只是常與自己相處，往內探索，原本想要卻得不到的，反而就自然來到眼前**。

# 6 為什麼寫信給你？

昨天我睡到很晚才起床，醒來就有一股動力，可能是前一天對自己生氣產生的力量，也可能是一夜睡飽，身體重新整頓修復。

我寫了兩個多小時，與你分享一些難寫難說的事，好像挖到了什麼深藏已久的東西，既痛快又疲累虛脫。後來彈了一個多小時吉他，讀了幾頁書，打坐半小時，才覺得身體恢復了重心，然後就出門走路到東城逛逛，也想再去Broadway與12街口的Strand書店，看看會不會與哪本書一見鍾情，或是又發現一位我喜歡的作者。

夜晚，好友Hoper帶著妻子與兩個女兒來我家聚餐。他十八年前在紐約大學讀研究所，參加我在紐約首度創立的中文夢團體，之後我們雖然少見面，但只要一起讀過夢，相知都甚深，去年我還請他幫《好好存在》寫推薦序。

這回是在紐約巧遇，就像在溫哥華巧遇你大表哥一樣，我們都沒有先問出國行程，等到機票都訂好了，才知道彼此會在某個地方重疊，就覺得很興奮。世界這麼大，怎會有這樣的緣分，就更要珍惜當下的相逢。當年認識Hoper的時候，他是單薄一人，憂鬱茫然厭世，而昨夜重新出現在紐約公寓，不再是孤單一人，是個美麗的家庭，穩固的關係，好像一個獨木舟，升格成為大船，你不僅不會再為這人擔心，偶爾也會想要到他的船上作客遨遊，體驗一段他們家的航線，欣賞不同的風光。

這回與你大表哥一家人在溫哥華相聚三天，也是這樣的感覺，他開車，太太協助導航，完美的團隊，帶著我與Bill去高山頂看雪白山峰，到海邊沙灘看煙火。我放鬆地坐在後座，欣賞他們的能力，在與十歲的孫姪女玩耍，比賽英文單字接龍時，不禁想著你大表哥小時候的樣子，更為他建立的美麗家庭而歡喜感動，時間真快啊！

## 存在的議題

Hoper一家人九點左右離去，我可能多喝一點茶，也可能被太多的往事撩起，毫無睡意。Bill等到客人一離開，就立刻回臥房秒睡。我開始滑手機，讀小說，最後還打坐一會兒，激動的情緒才慢慢緩和下來，終於又克服一次失眠的危機。

雖然晚一點睡，但睡得不錯，早上不到八點就起床。醒來，驚訝看到臉書有你傳來長長的訊息，好奇你會寫些什麼，咖啡都還沒喝，就迫不及待地坐下來讀。

其實有些忐忑，我揭露這麼多私密的自己，不知你是否會被我嚇到，不知你會如何回應我。讀完訊息，不但鬆了一口氣，而且很觸動，你願意與我分享私密的夢，分享這麼深層的自己，讓我覺得很溫暖，也有一種被信任的榮耀。

我其實也對自己感到訝異，原本只是要寫一封信給你，但一開始寫，竟然不知不覺與你分享往事，寫出藏匿在往事裡、連我都不是很清楚的思緒。雖然早就知道，也持續體驗了幾十年，**透過寫與說，許多潛藏的情緒才有機會被感知**，但讓我訝異的是，竟能對你開放這麼多，這麼深，畢竟我們的年紀幾乎相差了三十歲。

想寫信給你，是因為兩個月前你讀完我剛出版的新書《好好存在》，相當沮喪難過，打電話給我，哭泣地說大學畢業已經四年，雖然一直在工作中，但不知自己的人生方向，不知要何去何從，要與我約時間談你的未來。你願意主動找我談，我覺得榮幸又期待，因為你沒有把我當作囉唆、不斷重複說教的長輩，不嫌棄我，願意接近我。另一方面，我也很想多認識你，你有強烈的自我風格，能穿透人的內在心思，勇於說真話，也會直接問問題，與你聊天總是有意想不到的驚奇。

但是，由於種種意外不斷發生，又因為暑假必須回紐約，我們一直沒約成，一直沒有坐下來好好聊，這事就一直掛在我心上。

其實那時聽到電話一端的你所提出的問題，我並沒有答案，我無法給你任何意見，提供任何指引，只能再多聽一點你的狀況。直到在紐約的生活作息慢慢規律穩定，旅途塵埃逐漸沉澱，同時一邊讀吳明益的小說《複眼人》，騷動了深層意識，甚至某些無意識角落，你的存在議題就自然地浮上了檯面。

坦白說，我真的被吳明益的細膩敏銳，被他的人文涵養震撼到，也使我對自己有了些批判。我感恩此刻擁有的一切，但我並不滿意我的眼力、耳力、各種感官的知覺力與行動力。比起吳明益，我覺得膚淺，仍是一個後知後覺，糊塗過日的人。這讓我有點不安，如果我已經不喜歡此刻的自己，譬如之前說的，看見了觀光客的自己，被物質金錢欲望驅使的自己，浮躁不耐、隨意評斷他人的自己，那我可以做些什麼，讓我能比較喜歡自己？**我好像無法做到無條件地愛自己，特別是自己的輕浮與無知**。

人在紐約，暫時遠離工作，遠離家鄉，好像反而可以慢慢與自己接近。這同時，我接到你媽媽的 line 訊息，知道你再度覺得父母不公平以及因他們的言語而受傷，就更想與你深聊。然而，已經開始寫信給你三天了，還是沒聊起你的議題，只是隨著你的問題更近距離地看著我的過去。

## 我能呈現的，只有我自己

我萬萬沒想到，原本是要想跟你說些什麼，但我能說的竟然僅僅是自己。我無法為你的人生代言，無法告訴你該怎麼做，畢竟你我就是不一樣，你我的生理基因組合，成長過程遇到的人事物，社會的時空背景，家庭經驗，基本上都少有重疊的時候，我沒有把握能完全同理你，了解你。

**老實說，我連自己都無法完全了解同理，無法完全看清。說自己、寫自己時，也會質疑，我是不是只看見一部分的自己？是不是也仍有意無意地迴避一部分的自己？怎能知道自己是虛偽或誠實？我只能先寫寫看，然後一次又一次回頭再閱讀，從文字裡慢慢感覺自己的虛實。**心想，我無法指引你什麼，但也許，你能從我的人生經歷裡發現你自己。我唯一能做的，就是盡可能地對你誠實，讓你知道我怎樣面對我的茫然，我的恐懼兩難，怎樣成為現在的我。這個問題，我在幾年前曾努力回答一位研究生的提問，但此刻讀來，當時能說能寫的，也僅是皮毛而已。這回能寫到什麼程度，我也不知道，只覺得越寫越多，越寫越深，不知何時能止息。

# 7 在音樂裡的自由無懼片刻

上週，到紐約的隔天，就意外買了一把古典吉他，興奮、感動，卻也百感交集，但一想到要將這件突發的事說清楚講明白，就在電腦面前發呆很久，然後起身上廁所，再去廚房倒滿一杯熱咖啡，開始寫一點與音樂相關的往事。這時胃開始緊縮，大量分泌胃酸，感覺有個很難消化的不友善異物要進入；連肺也敏感到拉起警報，要我一直深呼吸，儲備氧氣。

我並不知道故事會往哪個方向去、會寫出什麼，只感覺風雨欲來。

是這樣的，我到紐約的第二天，八月四日（二〇一八年）的清晨已經有咖啡、簡單的桌椅、電腦、網路，每日生活的基本需要都已就序，與在台灣沒兩樣。

上回離開紐約時，將所有東西（包括軟床墊）用繩索捆綁打包收入衣櫥，可以折疊的桌椅靠牆，燈具用特大號白色透明垃圾袋套好，整個公寓看起來空無一物。所以再次回來，只要半天時間就可讓公寓恢復運作。清晨寫作結束之後，我開始清空小小的行李箱，將衣服掛在衣櫥裡，意外地看到行李箱的最外層位置，夾了十來頁A4影印紙的吉他樂譜，我看著這一疊樂譜發呆，這一疊紙好像會發電，一波又一波傳入我體內。

這是出國前一天，在非常匆忙，一件又一件事情必須處理打點，分秒必爭的狀態下擠出十幾分鐘，拿著吉他樂譜快步走到住家附近轉角的7-11，請櫃臺人員幫我影印過去一年來練習過的曲子，以及兩三首新的。我有點不好意思，也不過幾塊錢的影印費，占用了店員很多時間，因為樂譜頁面大、不好印，她很耐心地幫我印好十來頁，而且一直微笑地看著我，當我不確定要印哪首曲子而稍有猶豫時，她都沒有擺臉色——即使店裡就只有兩個工作人員，一直有客人在排隊等結帳。我心想，她一定是個喜歡音樂的人。

## 想和音樂結緣

二〇一七年的三月，好不容易鼓起勇氣重學吉他，還找到一位很好的家教，買了昂貴的吉他。但是到了年底，因為一次又一次沒時間練習，壓力太大而再度停掉課程。但這半年來，我沒放棄，斷斷續續，只要有空就隨意彈一點，心裡盤算若能消化完之前的進度，就可以繼續請老師來指導了。

但是想到暑假出國將中斷五週，到時候又得重頭開始，可能會因挫折感太大而放棄。無論學什麼都一樣，要克服通過那個「學不會」的笨拙階段，老覺得自己很蠢，看不見希望的過程，其實蠻難的。尤其，我不曾在藝術方面展現過任何天分，包括美術、勞作、作文、唱歌、舞蹈、或任何樂器，沒上過才藝班，學校老師也從沒誇過我，但我總是被藝術吸引。這回好不容易學會看五線譜彈幾首曲子，有那麼一點點享受彈出樂曲的暢快滋味，我害怕失去。

因為過去有幾個挑戰的經驗，例如完成碩士學位，完成博士學位，順利在審查很嚴苛的期刊發表論文，升等副教授、教授，然後不可思議地出版了兩本書，我其實已經體驗到，**再怎麼困難的事，只要持之以恆，每天習慣做一點，終究會做完做好。最大的關鍵就在於能不能像吃飯睡覺一樣，每天定時定量有紀律**。

我鼓起勇氣「再次」去接觸我又愛又疏離的音樂，以吉他為途徑想慢慢靠近，也覺得碰觸到邊緣了，因此特別害怕再度中輟，聽起來好像跟談戀愛差不多，失敗後要重新開始特別戰戰兢兢。

我完全沒有把握，在紐約是否有吉他可以練習，也不知道有沒有那樣的心情與時間。你知道我與Bill經常為了日常生活小事而大吵，在這窄小的公寓裡吵架是沒地方躲的，情緒激動時根本無法練習不熟悉的樂曲。但，我還是抱著一絲希望，至少先將樂譜帶在身邊再說。我不想帶著厚重的整本吉他樂譜旅行，突然就想到可以影印幾頁。原來，只要動力夠強，渴望夠強，一遇到困難，就自然會出現創意的解決方法。我輕易地將一小疊A4吉他樂譜塞入可跟著登機的行李箱外層，背著一起去溫哥華旅行。

## 結果，我買了一把古典吉他

在溫哥華漫遊十天之後，抵達了紐約，完全忘了吉他這件事。因此當行李箱清出樂譜那一刻，既驚喜又感動，覺得不能辜負這幾張樂譜，不能辜負出國前無論怎麼忙，還是能感覺到不忍讓音樂再度離去那顆怦跳的心，就立刻上網搜尋附近哪裡可以租吉他。

在網路上找到離我家不遠的30街，有一個吉他教室據說有吉他出租，立刻出門找。但我心裡浮出另一個地方，記起附近的23街，有一家著名的「雀兒喜飯店」（Chelsea Hotel）樓下有一個賣吉他的狹窄店面，已經在那地方很多年。我三年前回紐約時，Bill帶我進去逛過，當時我已經想重拾吉他，一方面想複習大學時代學會的幾個基本和弦與指法，能自彈自唱一些老歌，而一方面也想再度挑戰古典吉他，但也只是逛一下就離去。

Bill告訴我，是因為加拿大的詩人歌手Leonard Cohen曾與成名歌手Janis Joplin住在飯店一段時間，後來女歌手因為過度使用藥物而去世，他為她寫了一首歌，歌名就取〈Chelsea Hotel〉，他是Leonard Cohen的歌迷。我心想，也許這家店有吉他出租，因此在還沒走到30街之前，就先進去這家店。

店面很小，感覺不到三公尺寬，但是長方型有點深度，兩邊牆壁掛滿吉他，幾乎都是電吉他，少有古典吉他。一個小辦公桌擺在店的最底端，老闆非常高大，他站在辦公桌後面，像個巨人來到小人國裡，與這空間相當不成比例。

我問老闆，有沒有古典吉他外租，他搖頭說只賣不租，而且古典吉他相當少。但他說，昨天剛好有人送來一把吉他託賣，就請工讀生去將吉他拿出來。吉他裝在一個很精緻專業的黑色硬殼箱裡，工讀生輕柔地將吉他拿出來，應著老闆的指示彈了一段。工讀生一彈起吉他，表情立刻不一樣，彷彿變成另一個人，不像之前聽從指令的小員工，而是音樂家的氣勢，姿態優雅專注自信，彈出的音樂相當好聽。

後來與工讀生小聊，原來他正在紐約讀音樂研究所，主修吉他，想要成為職業的演奏家，但覺得這條路很難，工作機會不多，沒把握能以音樂維持生計。然後老闆開始說起擁有這把吉他的人是個專業音樂人，因年紀大了而退休，他說我可以先買，當我不想彈的時候，他保證半價收回，他開價六百美金，一直強調這支吉他很好，是很難得的機會。老闆有點high，話多，我不太信任他，但一方面這家店已經開了二十多年，在吉他界小有名氣，應該也有一定的信用。我一時無法做決定，將吉他的型號記下來，走出門外，往30街方向走，一邊開始上網搜尋這把吉他的出身。

那把吉他是日本高峰工廠製造的，工廠創立於一九六二年，是我出生那年，覺得有點巧合，老闆開的價錢也比網路上的新吉他便宜，我邊走腦海裡一直響起剛剛聽到的吉他聲，低音弦的音色厚實蒼涼，讓人想流淚，結果還沒有走到30街就折回23街，把吉他買回家了。

在我小學五年級的時候，學校要成立國樂隊，我被音樂老師選上，但條件是要自備古箏，學校會統一採購。我興奮地回家跟我媽報告這件事，卻沒想到，媽媽非常不高興，不但不讓我買，還嚴厲禁止我告訴我爸這件事。我沒有勇氣反抗。小時候，我媽嚴厲凶悍，而且非常堅定，我大概早就像實驗室裡已被制約習得無助感的老鼠，放棄了抵抗，結果我沒有加入國樂隊。

但這件事讓我相當受傷，特別是後來發現家裡經濟並沒有那麼糟，總覺得媽媽對我的愛蠻有限，只在意我身體健康，這是她的責任，但其他好像都不是她的事一樣，直到三十幾歲時我才能同理她。不過，這也讓我很早就覺悟，我無法主動向任何人要什麼，自己想要的，只能靠自己努力去獲得。

我高二的時候，用存了多年的零用錢，買了第一把古典吉他，這吉他還在，好像是大姊介紹一位會彈吉他的人幫我選，我也跟他學幾堂課，但此刻完全沒有印象為何不了了之。我用那把吉他，看書自學了幾個和弦，自彈自唱不少校園名歌以及美國流行歌曲。大一到台北讀書，吉他隨身攜帶，也曾到離學校不遠的士林樂器行找老師學古典吉他，但不到三個月，就因為跟不上進度而放棄。從此與音樂之間又多了一道鴻溝，這個鴻溝很深，是認定自己沒有音樂天分，是對自己失去了信心，已經不是存錢買樂器這麼簡單可解決的。

雖然從此對音樂死了心，放棄學習彈奏任何樂器的念頭，但多年後出國讀書，意外地體驗被音樂穿入的滋味，再度喚起對音樂的感覺。

## 那個片刻，我無牽無掛地存在

那是在一九九二年初春，二十六年前，我獨居在紐澤西羅格斯大學附近的愛迪生小鎮（Edison）郊外的湖邊，有點害怕，總擔心壞人或變態的人闖入。清晨一醒來，就會打開收音機，頻道一直固定在完全沒廣告的公共廣播古典音樂台，讓空盪的房子有點聲音，主持古典音樂的廣播員，聲音都好聽輕柔，不會突兀侵入。

當時，我一週只要到紐約上課與打工三天，有完整的四天在家讀書。音樂僅是背景，我的注意力全放在準備考試。儘管廣播員經常會介紹播放的曲子，但我從不記得這是誰的樂曲，也不會注意聽廣播員對樂曲的詮釋，音樂是音樂，我是我，各自獨立存在，我喜歡這樣沒有負擔又舒服的陪伴。

有一天，我突然被很緩慢高音的小提琴獨奏吸引，琴音滲入體內所有細胞如電流從四面八方滲透體內，心頭溫暖放鬆，但樂曲逐漸高昂，我心跳加快體溫升高，膚毛豎起，感覺一股熱流隨著音樂的高點往頭部湧入熱血，鼻酸眼濕，當曲子一結束，我關掉收音機，坐在地板牆角大哭，也不知哭了多久，只覺得整個人變得很輕很輕。淚水停了，我仍繼續放空坐在地板上，靜止不動許久，那片刻，我無牽掛地存在，不擔憂什麼，不渴求什麼，只是靜靜地呼吸，生命就很美好。

我想那應該是壓抑已久的沉重情緒無預警地被音樂擊碎融解，跟著淚水流出體內。冰天雪地，一個人在Edison獨居，因一首曲子而體驗到無懼解放，即使只是瞬間片刻，已足以讓我看見生命的不同存在樣貌。雖然後來慢慢理解，有很多方法路徑可以帶領我們接近自由無懼的境界，但音樂在我的心裡一直有個特別的位置。

往後二十多年，為工作奔波，為生計忙碌，被人間悲歡離合糾纏，以及居住空間的限制，我與音樂之間越來越遠。

那天帶著巒重的吉他，主要是樂器盒的重量，走了兩條大道，兩條街，爬了兩層樓梯，一進入公寓，立刻打開黑色吉他硬盒，裡層是深藍色有光澤的柔軟絨布，吉他非常舒適安全地被保護包覆著。我小心翼翼取出，輕輕撥弦，不必彈奏任何曲子，就已經很好聽，抱著吉他，有種將自己抱住的感覺。為了在紐約三、四週有吉他可練習，竟然買了這麼好的吉他，這一點也不像少有名牌衣物或多餘奢侈品的我。我覺得被善待，被天地靈氣眷顧，那個沒有古箏而不能加入國樂隊的失落受傷小孩，開始努力讀難懂的五線譜，左手忙亂地找尋正確的音符位置，右手笨拙僵硬地撥弦，已經沒有時間悲傷，也暫時忘了自憐……。

# 8 折翼的留學生涯

音樂不但能穿透感官，也能輕易帶人穿越時空。昨天寫到多年前被音樂穿入的經驗，到了今天，腦海仍停留在那段絕望傷心的過去。

一九九二年初，我二十九歲，在Edison獨居，是我博班的第二年，而你，在媽媽的子宮裡三四個月，正在迅速長成完整的人型。

唉！此刻在紐約，是不是太靠近傷痛發生的現場？原本只是想「重點式」的寫封信給你，告訴你一些人生道理與做事態度方法，但不知為何，無論寫什麼，都不知不覺就回到那些年發生的事，想逃都逃不掉。你雖然不到三十歲，但很真，能銳利透視人性，辨識真假虛偽，在你面前，想要逃脫掩藏點什麼，道貌岸然地展現長輩權威風範是很不容易的，與你坦誠以對反而輕鬆些。也或許，你傾聽的功力很深厚，不輕易評價、安慰、給建議，不會誤解扭曲我，讓我可以一直寫下去，一步一步靠近沉重複雜的過去。

## 與C之間

我在大二時認識C，是在班上康樂股長舉辦的校際聯誼舞會。當時一群人聚在一起跳舞是不合法的，警察會來抓人，儘管如此，「舞會」還是那時候非常熱門的大學生聯誼活動。因為不合法又經常在地下室舉辦，就被稱為「地下舞會」，昏暗的燈光中，的確也不太能看清彼此，有點刺激。

那個夜晚，我與C一起跳了兩首慢的曲子——那種左一步右兩步最簡單的慢板Blues舞步——就坐下來一直聊天一直聊天，問彼此就讀的系，喜歡看什麼書。我還記得他問我有沒有看過《麥田捕手》？我聽過，那是當時很出名的一本小說，但我還沒讀過，他說他至少有兩百本小說。三小時的舞會很快結束了，我們還是有聊不完的話題，此刻，已不記得還聊些什麼，真希望有人發明人生錄影機，可以隨時調出來看。

舞會結束，他陪我坐公車回家，他自己再搭車回學校宿舍。

一週後，從學校系辦公室轉來一封他的信，因為他不知道我住的地方，只好寄到系辦，信封住址是他們學校的男生宿舍，雖然因此被同學嘲弄一番，但心裡是很甜美的。我們通信了一陣子，才開始又見面。第二封信的筆跡與第一封信不一樣，他坦誠第一封信是請同學代抄，因為覺得自己寫字太醜。我們謹慎小心，緩慢地認識彼此，可能我們都不是輕易信任他者的人，郵寄書信往來上百封之後，到了大三才牽手，正式成為男女朋友。

C個性內斂低調，不會在眾人前表現自己，私底下卻幽默犀利，相當能洞察他人的心機，他很驚奇我為何能如此直率坦蕩，不太隱藏自己。認識他大約一年左右，才知道他是長子，有一個弟弟一個妹妹。C從小學鋼琴，直到國中畢業北上讀高中而中斷。他學校成績很好，讀私立的初中，是專攻考試升學那種學校。我一方面佩服他的優越成績，羨慕他能學鋼琴，但一方面又感覺到他的壓力與抗拒。

母親希望他成為醫生，從小緊迫盯人，高壓督導他練鋼琴、讀書，他如母親所願，考上當時全國最難考的台北建國中學，就一人離家住台北，第一次體會到自由的滋味，興奮地在大城市裡探索。他愛讀文學小說，愛看電影，一下課，經常往公館的東南亞電影院跑。

他的高中成績並沒有很好，母親一心一意要他讀醫學系，但他僅考上國立大學的醫技系，母親動員家族各種力量，軟硬兼施要他重考，他還是沒休學重考。

大學畢業，C考上預官服完兵役兩年之後，立刻找到大型教學醫院的研究助理工作，當時我已工作兩年換了兩個工作，對朝九晚五的上班生活已經沒有太多好奇與幻想。比較之下，還是覺得在大學生活比較有趣充實，當時一般人要出國旅行很困難，但到英美留學的風氣卻很盛，申請到獎學金的機會很多。兩人就訂下一起到美國讀書的目標。我們開始積極準備，一邊工作一邊準備考試，美國研究所申請需要智力測驗GRE以及英文檢定「托福」成績。

## 順利的留學，波折的婚事

兩年後，C以優異的GRE成績，申請到紐澤西州立大學羅格斯（Rutgers）醫學院，直攻微生物博士課程，學校並提供兩年全額獎學金，不但學費全免，每月也有基本生活費。我也申請到俄亥俄州立大學與費城天普大學（Temple University）研究所入學許可，因為費城距離他學校比較近，就選擇天普大學就讀，但我沒有申請到獎學金。等簽證辦好，一切都準備好了，才告訴雙方父母。

原本我父母希望我能先結婚再與C一起出國，但C的母親只同意訂婚，後來她當面告訴我父母，若堅持要結婚，他們只能叫兩台計程車來迎娶。父母很受傷，我媽傳統又相當在意被人瞧不起，而我爸是鐵工廠老闆，也是愛面子，兩個媳婦都至少有六輛進口車去迎娶，不願我在這樣委屈的狀態下出嫁。他母親說話的語氣，也讓我難過受辱，但我已經下定決心，無論結不結婚，都堅持要出國讀書，最後折衷先完成訂婚儀式。

一九八八年八月我辭掉家扶社工的工作，與C訂婚後立即飛往美國東岸費城，我們將大人之間的紛擾暫時擱置，努力適應新鮮又挑戰的留學生活。第一年住在費城，C通車到Rutgers位於紐澤西的New Brunswick校區上課，第一個學年一結束，暑假他得開始進入實驗室做研究，必須每天到學校，我們就搬到他學校附近的公寓，換我通車到費城上課，隔年五月碩士畢業後，同一年九月我開始讀紐約大學博士班。留學美國的前三年，大概是我們相識以來，最美好的一段時間，能朝夕相處，不用兩地分離，我們的學業進展都很順利。

可能碩士課程的成績還不錯，我獲得三位教授極力推薦申請博士班，博士班入學申請很順利。因為不想與C分開兩地，就僅在臨近地區申請了三個學校，包括原本就讀的天普大學，C的學校，以及紐約大學，三所都接到入學許可通知。原本最想與C讀同一個學校，之所以選擇較遠的紐約大學是因為兩年的獎學金，不但減免昂貴的學費，而且提供我打工的機會，只要每週在系上辦公室值班二十小時，就有基本生活費。這筆獎助金對我意義深遠，應該是如釋重負，可以安心讀書，那種不必過度依賴家人，獨立自主的感覺真的很好。

然而，人生旅程就像多變的天氣，不時來個暴風雪或大地震，防不勝防。留學到了第三年的下學期，C發現眼睛常模糊看不清楚，快到期末時，不得不去附近的大型購物中心的眼鏡行配新的鏡片。不知是美國眼鏡行的規定，還是湊巧，幫C驗光的人並非一般的技師，是眼科醫師，他找不到任何可以讓C眼睛看清楚的鏡片，懷疑可能有其他問題，就幫C量血壓，震驚地發現C的血壓高達兩百，立刻開轉診單，要求我們快速到附近醫院的急診室就醫。

## 一夕變天的兩人世界！

一聽到血壓飆到兩百，C臉色蒼白，我不敢讓他開車，但我也腿軟發抖，努力穩住方向盤，心很急但只能小心踩油門。一方面急著找到醫生指定要我們去的醫院，深恐C的心血管隨時會功能停止，但我身體不聽使喚發抖，不敢加速，以免車子失控。

進入醫院急診室之後，醫院立刻將C送至加護病房，禁止家人在旁陪伴，我一直在醫院等到黃昏七點半病房探視時間，才能再見到他，八點一到，我就被要求離開病房，得等到隔天中午探視時間，才能見面。

我與C感情很好，在美國期間，從來沒有一個人獨自過夜，也從來沒有一個人獨自開車。那天晚上必須從醫院一個人開車回New Brunswick小鎮郊區的公寓，天已經黑，我方向感很差，平時出門幾乎都依賴C認路，而這個郊區的醫院是第一次來，我驚慌不知是否能找到回家的路，車速開得很慢很慢，當時還沒有手機，沒有google導航，我手上連地圖都沒有。

在一個又一個不確定的路口，黑暗中摸索抉擇該往哪條路走，深怕走錯路越開越遠，當終於開回到住處的停車場時，我彷彿從很遙遠的地方回來，雖然僅是半個多小時的車程，引擎熄火那一刻，力氣差不多用盡，我在車裡呆坐一段時間才能打開車門，慢慢走入漆黑的公寓，連燈都沒力氣開，直接進入臥房趴在床上痛哭，無法置信，世界怎會在一夕間變天！

加護病房每天只有中午與晚上各兩次半小時的探視時間，我中午探視時間結束之後，就留在醫院，等到晚上的探視時間結束才離去。十七天後，C才得到出院許可，醫生帶來高血壓原因的追蹤檢驗報告，經兩位腎臟專科醫生確認，C的腎功能僅剩不到百分之二十，因而引起高血壓。

醫生很明確地說，除非腎移植，否則一兩年內一定要接受血液透析排毒，就是所謂的洗腎，因為腎功能一旦敗壞了就不可逆轉復原，而究竟能維持多久時間，無法精確預估，醫生判斷不超過兩年，這期間必須定期回醫院追蹤檢查。西方醫學判斷是來自臨床的統計證據，要翻轉醫師的宣判，機率不高。

原以為僅是短暫危機，沒想到是腎臟死刑判決。聽完美國醫師的報告，正在天空快樂飛翔的我們，突然遇襲急遽墜落，掉入深不見底的黑洞，怎樣也無法觸地……。

# 9 看不見底的人生黑洞

原本計畫那學期一結束，暑假回台灣結婚。那個時候，我與C都還不是非常獨立的個體，結婚不僅是我們兩個人的事，好像也是兩個家族的事。訂婚三年後，終於大家都同意婚禮時間，機票也買好了，卻在這時候，C突然病倒，無法回台灣，我們婚禮取消，未來不知何去何從。

那是期末考前兩週，我無法考試，請授課老師在這學期的成績單輸入尚未完成「I」（incomplete），再找機會重修或補考，就不用再繳學費。我的獎學金契約有兩年，當時是第一年的下學期，每學期可修三門課共九學分免學費。紐約大學學費很貴，我不希望被當，浪費任何一門課。只是，C病倒那學期，我博班才第一年，覺得要完成博士學位遙遙無期，不太有指望了。

當時除了各自的學業壓力，我們最大困境是不知如何面對龐大的醫藥費。那學期，C因為疏忽沒有買醫療保險，美國醫藥費驚人，十七天的住院費，收到四萬多美金帳單，折合台幣一百多萬，後來又到他的學校附屬醫院住院幾天，進行活體腎細胞切片檢查，確認腎病變的原因，結果是源於自體免疫細胞攻擊，我至今仍記得那種免疫細胞的名字叫IGA，這樣一個住院檢查，又是四十多萬台幣。之後回診拿藥，費用都很驚人。我們付完第二家醫院的醫藥費，實在無力再付那一百多萬加護病房帳單，我努力申請其他管道，希望能抵免，這過程非常痛苦不安，也沒什麼出路，只能盡力拖延，強烈感受到貧病交迫的困境。

那年暑假，我們搬離住了兩年的New Brunswick郊區二樓公寓，在附近的小鎮Edison找到比較便宜的房子。一位年紀比較大的華裔搬家先生竟然跟我說：「因為你要搬家了，我才跟你說，你這房子風水不好，樓梯直衝大門，門口面對森林溪谷，我幫人搬家很多年了，看太多了，住在這樣的地方，身體會不好。」我心裡很毛，我並沒有讓搬家公司的人知道C生病了。之後我就開始注意居住風水與身心靈發展的關係，買了很多書讀，慢慢也研究一點環境心理學，比較能深切體會宇宙共生同體的關係。

新租的Edison房子是二層樓，有前院後院，房東將一樓客廳隔出一間臥室，隔離往二樓的樓梯，並增設一個獨立進出的大門方便出租，他自己住二樓。這房子四周沒有遮蔽物，光線非常好，附近有一個不算小的湖，可以散步。除了租金比較低之外，最重要是離火車站步行只要十多分鐘，我可以自己走路搭火車去紐約大學上課，之前必須由C先開車送我去New Brunswick火車站，我們只有一部車。他生病了，我得盡可能獨立。

## C放棄博士學程

C的指導教授正巧在那時候要離開教職工作，建議他放棄博士學位，以他現有的修課學分與成績，再安排一個口試，就能取得碩士學位，可以盡快回台灣。因為他沒有醫療保險，別無選擇，只能同意指導教授的提案，忍痛放棄博士學程。年底，我陪C回台灣，在回台灣之前，我們先到洛杉磯停留一週，隨身帶著那種傳統的水銀血壓計，帶著一大包藥，住在洛杉磯一家華人開的旅館，然後參加當地小型短期的旅行團，去大峽谷、拉斯維加、舊金山繞一圈。

我打不出「度假」或「旅遊」兩字，因為整個過程非常緊張，C身體虛弱，就怕C的血壓又突然無法控制飆高，腎功能完全喪失。當時已經十二月下旬，距離病發的五月已半年多，靠著藥物維持血壓，但每月必須追蹤檢查，如醫生預測，腎功能正緩緩下降中，此外，這期間必須控制飲食，尤其是鹽與蛋白質的攝取。我們瞞著家人到西岸停留一週，後來我不小心說溜嘴，讓我媽知道，她嚴厲斥責我「膽大包天」，萬一中途C病倒怎麼辦？我如何承擔得起。我無言，我真的承擔不起另一個人的生命，雖然想幫點什麼，但每一步路都沉重無比。

C覺得他這輩子再也不可能回美國這塊土地了，就想去西岸洛機山脈大峽谷看看。在美國讀書三年半，幾乎都以課業為主，很少旅遊，生活盡量省吃儉用，我們都不想主動向家人要錢，雙方家庭對錢都看得很重，能避免錢的糾葛，就盡量避免，雖然兩邊家庭經濟狀況都還可以。

當時最想去的地方是歐洲，美東與歐洲距離不遠，僅隔著大西洋，我們互相勉勵，等完成學業，若有剩下錢，一定要去歐洲玩，誰能料到結局是如此？

我們評估大峽谷的行程應該是可行的，先在洛杉磯有一個定點住處，再選擇兩個三天兩夜的小型旅行團，他體力應該可以負擔。我們一起計畫，進行這個大冒險。

自從他生病之後，一切都以他為中心，每天注意的是血壓變化、腎功能指數、精算每日攝取的蛋白質量、以及各種不同的飲食控制。我除了學校的課業與工作之外，其餘的需求都幾乎消寂無聲，我沒有吃喝玩樂的心情，沒有購物的欲望，只希望他身體能奇蹟地好起來，只希望他能快樂有活力一些。

一九九一年底寒假，我們平安回到台灣。由於尚未結婚，一回到台灣就必須分開，C回到南部與父母同住，由他家人接手照顧，我回到中部與父母住，不方便住在他家。我們已經一起生活三年半，只能無奈地分開，兩邊的母親都強勢，各有堅持的價值觀，我與C皆無力違反各自母親的價值想法。

## C病倒之後的變調人生

很長一段時間，我心裡總有哀怨與遺憾，如果當年我們夠強壯，不管雙方父母的想法，不管所有他人的想法，自行簡單登記結婚，我們就可以申請C學校提供給已婚學生的家庭宿舍，有兩間房間的大公寓，不但房租僅是外面租房的半價，而且會認識很多留學生，我們也可能已經像其他留學夫妻一樣，生養小孩，最重要的是，或許也不會住到那搬家先生斷定「風水很差」的公寓。

C一旦與母親同住，我就不知道自己要擺在哪裡，我還不知道如何與他的母親相處，而在這時候，誰也沒有心情談結婚這件事。也許早已預測回台灣後的狀況，在回台灣之前，已經與C溝通好，決定一個人在Edison繼續住一學期，當時我仍有一學期的紐約大學獎學金與工作契約，Edison的房租契約也還有一學期，捨不得一個半月的房子押金被沒收，還有一屋子的東西來不及處理打包，種種現實的理由，我決定一個人續住。

此外，我們尚未結婚，回到台灣後，我們都不知道未來會如何，我們在父母面前，都快速縮成小孩，未來會是什麼樣的面貌，完全不能想像，這一切都讓我覺得，也許我繼續留在美國一學期，是最好的選擇。

終於，現實理性戰勝我必須與C分開兩地的心酸，也戰勝必須在郊區獨居的恐懼，在此之前，我從未一個人住，何況是在小鎮郊區，做這個決定對我是相當大的挑戰。從二十九歲C病倒開始，我的人生不斷在經歷超乎我想像，難以承受的極限體驗。

# *10* 讓人膽戰心驚的Edison半年獨居

一九九二年，農曆年剛過，我獨自一人從台灣飛回美國。此刻，已不記得如何回到冰天雪地的Edison租處。離開將近兩個月，車子包覆了厚厚的白雪，我們的車是Honda喜美最基本款，那種沒獨立行李廂的後背車，手排的，連冷氣都捨不得裝，這樣的新車只要六千美金，台幣不到二十萬。

我們剛到美國時，買了一輛福特的二手車，但一年後就在高速公路拋錨，那是元旦深夜，我們想去紐約的時代廣場看大蘋果落下，結果不但無法進入紐約，還被驚嚇到，再也不敢買舊車。

但即使是新車，我仍擔心車子這麼久沒用會故障或沒電，冰天雪地要找人來修理不易，附近又沒有任何商店，沒有車很難生活。我將車上的雪慢慢清除，打開車門，雪落滿地，進入駕駛座，先深呼吸，祈禱車子還能動，經歷了人生各種意外之後，深感孤單無力的滋味，無人在旁時，就只能呼喚天地眾靈，求得他們的相助。

我屏息輕輕插入車鑰匙轉動一下，天啊！引擎竟然立刻啟動了，電池還有電，車子在戶外承受冰風雪雨一兩個月，竟然還好好地活著，好厲害，我身體由內而外，漸漸溫暖起來。

房子位於郊區馬路盡頭的最後一間，對面有住家，旁邊是空曠的足球場、湖邊公園，後面是無人煙的鐵軌，經常聽到火車通過的聲音。

樓上房東是一位單身男子，在鎮上開了一家吉他樂器行，少在家，我們出入有不同的門，很少碰面。C的東西、衣服、書本、車子、我們共同生活的家具物品，都還在，光是看著這些年在美國累積的生活足跡，就悲傷想哭。學期一結束，我必須一個人清理打包所有的東西，但眼前這一學期能不能安然度過，我其實一點把握也沒有。

## 怕花錢，激發了我的潛能

那學期是我博班的第二年下學期，修了三門課九學分，我的博士學程必須修滿五十六學分，其中有三門必修課碩士期間已經修過，成績都是A，我拿著課程大綱與成績單，找每門課的授課教授，希望能抵掉免修這三門課，很幸運獲得全部教授的認可。另外有兩門必修課是統計初階與進階課程，我在碩士課程也修過，但不能直接抵學分，必須申請考試，通過之後才能免修；我去考了，也幸運過關。因此，如果一切順利，我只需自費兩門課就能完成學分的門檻。

讀碩班是我進入學術界的啟蒙關鍵，對知識產生莫大興趣與敬意，扎實的基礎，讓我在申請博班時非常順利，也讓博士課程少修十五個學分，幾乎是少了一年的修課時間，算一算，那學期若能順利讀完，扣掉不考試的討論課，就只剩一門三學分的課。但修課僅是博士班的最基本要求，NYU對所有博士班學生，無論美國本籍學生或外國學生，都要求必須通過論文寫作測試，否則要修六學分的寫作課。

博士生的論文寫作考試每學期全校集中舉辦一次，大約有十多個不同領域議題可選擇，現場手寫一篇論文，時間三小時。我考了兩次才過關，第一次沒過，第二次有經驗，知道準備的方向。能考試解決的，我都去考，修課很花時間，壓力更大的是昂貴的學費，我尚未經濟獨立，也不清楚家裡的經濟狀況，只知道家人重視錢，我若花太多錢會造成家人的困擾與焦慮。

當時我真的很害怕花家裡的錢。

「省錢」在我留學生涯期間，是重要的課題，卻也因此激發了我的潛力。在台灣讀書，我很少名列前茅，但在美國讀書因為太害怕被當重修，再一次付昂貴的學分費，不敢掉以輕心，只能全力以赴。結果出乎意料，不但過關，而且常高空飛過，因而越來越相信自己，也讓我與學術、與書本、與自己培養出親密的關係，減少對他者的依賴，對社會上各種流行的集體追逐也比較能免疫。在美國讀書的歷程雖然千辛萬苦，卻是我「個體化」發展的關鍵，獨居Edison小鎮是嚴苛直接的試煉，我很幸運過關，但說真的，要我再次一個人住在這地方，我還是會害怕。

11

# 準備博士資格考試

一九九二年冬獨居Edison時，我博班學程剛進入第四學期，已修完六門必修課，可申請博士資格考試。通過博士資格考之後，才能選論文指導教授，準備論文計畫書口試，最後一關當然就是畢業論文口試。那時，覺得這過程難度實在很高，是無法預期的未來，因為博班第一年期末，人生已開始支離破碎，學業像是懸在一條半斷裂的繩索上。

我很掙扎要不要考資格考，當時住的地方距離紐約一兩小時車程，一趟來回四小時，又得在校工讀二十小時，還修了三門課，算一算剩下的時間並不多。資格考必須選擇兩個不同的領域，可以分開在不同的學期準備，也可以同一個學期考完，那是現場三小時筆試應答，不能帶書，不能帶筆記，是個大關卡，兩次沒過，博士班學生的資格就會被取消，我的美國同學通常都一學期考一科。

英文並非我的母語，我覺得連一科也沒有把握能過關，何況兩科一起考。但是，我的處境很不好，C的病情每況愈下，我隨時可能因為不可測的因素必須中斷學業，自己的能量也不知能撐到什麼時候，這個大關卡此時若沒過，未來或許不再有機會了。

## 天意要我兩科一起考

我猶豫不決，就先挑了兩個領域分別去與授課的教授面談並取得參考書單，每個領域都拿到三、四頁的書籍與期刊清單，雖然修過課，但是已經讀過的文獻不到四分之一，手上也沒有這些資料。心想，如果能一兩天內在圖書館或書店找到八成以上的參考資料，就決定去考了。當不知道如何選擇時，就推託給命運決定，我逐漸向命運、向時勢低頭，不太敢再有人定勝天的傲慢。

很意外地，在圖書館搜尋一天，兩個領域就都找到近八成的資料，連一些經典作品都能找到，圖書館給博班學生資料借閱的時間很長，足夠我留用到考試結束。面對這個結果，我只能深呼吸，硬著頭皮，咬緊牙，全力迎戰，不想違抗命運給我的機會。

遞出博考申請表之後，距離考試時間一個半月，當時的導師也是系主任，是一個很具人文涵養的教授，知道我住得遠，要我一週只去學校三天就好。我們研究生的課都是下午四點才開始，讓上班族能回校進修，我早上九點到校上班，下午四點上課，三天就能填滿二十小時的研究所助理工時表。導師也給我很少的工作，事情做完就可以自己讀書，這種善意，我應該一輩子都不會忘記。

我將學校工作與課程準備都集中在週一至週三，七點出門，晚上九點回到家，每週就有完整的四天可以在家讀書。或許，博士資格考是老天給我的禮物，讓我能安然度過那學期。因為忙碌，每天都有事情等著做，有書等著讀，沒有多少時間害怕與悲傷，只有在半夜醒來，還沒睡飽，無力起床讀書，卻又睡不著時，恐懼與悲傷會如起霧般升起，滲透全身。很多次，我夢到有壞人破門進入屋內而驚醒，因此，天亮時，總慶幸又平安度過一個黑夜。

每天清晨起床，立刻就打開收音機，讓房子有點聲音，還好空間沒有很大，臥房是從原本的客廳餐廳隔間出來的，廚房因此也縮小，客廳擺了我與C的兩個書桌，角落放一個兩人坐的沙發，就沒剩下多少空間了。我的書桌很大，是羅格斯大學圖書館淘汰的二手辦公桌，實木桌面，長一五〇公分，寬七十五公分，雖然只賣六十元美金，但是必須去租一輛小型搬家貨櫃車，才能將這書桌帶回來。我很愛書桌，尤其是堅固實木的大書桌，有一段蠻長的時間，經常夢到找書桌，一直找一直找，就是沒找到喜歡好用的書桌；買了這張大書桌之後，找書桌的夢就結束了。

你一定很難想像，後來我竟然將這張附有鐵製檔案櫃的書桌隨著運車的貨櫃帶回台灣，現在就放在老家四樓的房間。那桌子又大又重，需要三個大男人才能搬上樓，過程很吃力，二哥一邊幫忙搬一邊嘮叨碎碎念：「這麼重的桌子搬回來做什麼！」

當他這樣說時，我也有點茫然，也有些自我懷疑，幹嘛老遠帶回這樣不值錢，笨重又占空間的龐然大物回家鄉。

不用去紐約上課工作的日子，清晨打開收音機之後，就到廚房用小鍋子燒一杯熱水，取一包立頓紅茶，放進馬克杯，再從冰箱拿出牛奶，水很快就開了，用滾燙的開水浸泡茶包，等幾秒鐘，茶色變深棕色後加入牛奶，就端著杯子走到書桌坐下來。大書桌擺在窗邊，面對前院走廊，可以清楚看見整個庭院與一條寬馬路。因為我租的房子是馬路的最後一間，是路的盡頭，路上並沒有車往來。與對面的房子除了有馬路相隔之外，還有各自的庭院，看不見屋內動態，環境很安靜，唯一比較清晰的聲音是後院火車經過時的鐵軌震動聲。

## 迷人的書本世界

我可能與書桌很有緣，一坐在書桌前，通常可以坐很久，直到肚子餓了，才開始想早餐吃什麼，然後去廚房找一點吃的，又回到書桌。說也奇怪，此刻，我完全不記得早餐吃些什麼，或者有任何其他食物的記憶，也不記得在哪買食物。唯一記得是一早起床喝的是奶茶，不是咖啡，天冷，濃濃的紅茶加很多的牛奶，醒腦又不容易餓。

我將所有未讀的書本期刊論文放在左邊桌面，兩個不同領域各堆成一疊，大概都有一兩尺高。特別去買了兩本很厚的筆記本，閱讀的時候，將自己有感的重點抄記在筆記上，一方面過濾重點，一方面增強記憶，然後將讀過的文獻都放在右邊書桌，這時候就覺得大書桌真好用。

我越來越期待星期四的到來，加上週末可以連續四天不用去紐約，期待清晨一杯奶茶，開始一整天不受干擾地閱讀，無論讀什麼都很有趣。有感覺的部分就慢慢抄下來，也會用英文寫下我的評論、共鳴、或不同的觀點。無感的、已經重複的，就快速丟到右邊。我不知道老師會考什麼，也沒有任何考古題，但是我非常享受這樣的讀書過程，對自己對所選擇的兩個完全不相干考試科目「人格」（personality）與「知覺」（perception）的理解越來越深入，之前有些半懂非懂的，突然讀通了也很有成就感，更重要的是，也會慢慢發展出批判性觀點，有自己不同的看見。

我遇過的許多美國老師都很不喜歡學生死讀書，若將書本的內容直接抄寫在報告上，沒有評論或對話，不是被退報告就是成績相當低，他們要的是你對這些知識的看法，你自己的論述與舉證是什麼，對你的思想有什麼樣的衝擊。

我原本對複雜神秘的人性、社會、以及整個宇宙就很好奇，讀書能比較快速地讓我解惑，特別是用各種資料交叉檢定相互連結，找出更邏輯合理的解釋。我享受對問題理解的過程，而不是去記憶內容，這種讀書態度，或許恰巧與美國的高等教育價值頗為一致，不但讀書經驗比在台灣愉快許多，成績也比較好。

**戰戰兢兢準備博士資格考期間，從表象看，是苦讀，恐懼與不確定是否能通過的擔心也是如影隨形，但是一旦專心進入書本文獻，與知識對話，思考問題時，就會忘記焦慮與痛苦失落，體驗到深度的安定寧靜。這樣深度地讀書理解知識，讓我與知識產生連結，與周圍世界產生一種獨特的親密連結，覺得萬事萬物都有某種的共通性，彼此間的差距並沒有那麼大。這也強化了我的獨處能力。**

**雖然生活是孤單的，但內在版圖卻漸漸擴展，我總在書本的世界裡獲得滿足與自**

由，專注在書本的世界時，就不覺得一個人沒有安全感，不擔心萬一有壞人入侵怎麼辦。如果不害怕C的腎臟隨時可能會停止運作，如果吃飯的時候不覺得寂寞，其實那時候的生活還不錯的。

讀了六週，才將左邊的文獻仔細讀過一遍，做好筆記，全部移至右邊書桌。剩下最後幾天就要考試了，這時候就只讀自己摘要抄寫的兩大本筆記，再一次整理要點概念。到了考試那一天，雖然還是緊張，但覺得自己已經不太一樣了。

幾週後，系主任親自告知我學科考試結果，每科由三位老師閱卷分別打成績加總後平均，我不但通過博士資格，而且兩科成績都很高，遠超過及格標準。其實寫完考卷後，我大概知道應該會過關，但仍有些忐忑不安。因此，當系主任宣布考試結果時，才終於卸下重擔，與自己的關係在那一刻似乎有了突破性的進展。考資格考的經歷，像是一個強烈的信號，一個閃亮的燈塔，清楚明白告訴我，自我突破是可能的，我有能力飛翔探索，可以與世界、與他者溝通交流。

## 考試的專業技巧

我是到了美國讀書之後，為了求生存，也剛好主修教育心理學，才比較懂得如何準備考試，原來「考試」也是有專業技巧，有SOP可遵循。也就是，要理解一些知識概念，並將內容有系統地記住，進一步發展出自己的想法，是有循序漸進的標準操作方法的。

我第一遍先理解讀懂，每個領域其實都像是一棵大樹的發展一樣，有系統脈絡地逐步擴展分枝，多讀幾本相關著作，就會發現彼此相通重疊。第二遍整理摘要重點，寫下一點自己的評論，批判性觀點，然後考前熟讀自己整理的筆記，就這樣而已。在美國讀書，語言一直是很大的障礙，英文書寫永遠覺得卡卡的，單字量不足，很難寫出一個完整的句子，因此整理重點，自己手抄一遍，並寫出自己想法，是背單字以及練習英文書寫的好方法。到了考前，開始反覆閱讀記憶自己整理過的重點，這有點像是打鐵鍊金一樣。資料經過自己整理之後，寫考卷時，不但重點分明，速度也快，也因為已融合了各家觀點，寫出來的內容自然豐富有說服力。後來我訪談一些在台灣很會考試的人，才發現他們多數也是這樣準備考試的。

博士資格考試應該是我學生生涯最巨大的筆試挑戰，也是最後一戰；高空飛過這一關，意義深遠。在美國讀研究所的經驗，調整了在台灣讀書時覺得自己不善於考試，頭腦不夠好的既定印象。我發現原來考試也是一種專業，一種能力，雖然理解理論知識與評論知識本身要靠一點天分以及老師的指引，但考試內容是可以藉著不斷地自我測試練習而記牢的，即使先天記憶力不好，也可以藉著多次練習而補強，讓大腦越來越靈光。

總而言之，能不能完成一件事情，後天的習慣與做事情的態度才是真正的關鍵，就像刀子必須經常磨才會利一樣。我被動無奈地接受生命的挑戰，但這嚴苛的挑戰卻也因此轉化重塑了自己。從此，我是誰，我想成為什麼樣的人，又有不同的格局。

# 12 我的太極拳老師Eugenia

住在Edison那一年，偶爾會到附近的湖邊散步看野雁，週五早上則去羅格斯大學醫學院圖書館外面走廊，跟一位來自瑞士的老太太學太極拳。

從費城搬到紐澤西羅格斯大學附近之後，沒課時，常跟著C到學校，他進實驗室工作，我則待在醫學院圖書館。我非常喜歡圖書館，可以在裡面讀寫或翻找資料好幾個小時，直到想吃東西才會出來。那時常看到一位白人老太太在圖書館外面走廊打東方的太極拳，覺得很新鮮也好奇。最特別的是，她用一台舊式手提收錄音機播放自己錄製，適合打太極拳的歐洲古典音樂，例如柴可夫斯基的天鵝湖。

我被她打太極時的寧靜優雅吸引，也發現有幾位學生跟著她學。觀察她很長一段時間，等搬到Edison之後，才去問她能不能收我當學生。她欣然為我排出一個時段，每週五早上十一點到十二點。她學的是楊式太極，共有六個段落一〇六式。

我們下課後已經中午，若後面沒有其他學生時，我會邀請她一起吃午餐，感謝她。她大方地接受我的邀請，要我直接叫她名字Eugenia，並建議到附近平價的龐德羅莎餐廳。我們各自開車，她開Buick跑車帶路，我開小喜美跟著，中午她只吃沙拉吧，不點其他主食。我們慢慢熟識，分享彼此的人生經歷。

## 懂八種語言的太極拳老師

Eugenia的家鄉在瑞士，年輕的時候，非常用功在語言的學習，培養自己的國際視野，她懂八種語言。二次世界大戰時，認識從美國到歐洲打仗的先生，戰後就跟先生定居美國。先生是專業工程師，工作穩定薪水優渥，Eugenia從不需要工作，不曾為經濟擔憂。她在中國還沒完全對外開放之前，就開始到中國學楊式太極拳，還在中國參加過比賽。

大概是一九七〇到一九八〇期間，前後到中國多次學太極拳，也曾經到過台北學太極，就住在火車站對面的希爾頓飯店。每天打太極拳讓她人生豐富圓滿，為了紀念感恩太極拳的起源，她在羅格斯大學醫學院圖書館旁種一棵原生於中國的銀杏樹。

她生活規律，週一到週五的早上，固定在醫學院圖書館外面走廊打太極拳，以及免費教學生，下午小睡，聽音樂，尋找適合太極的樂曲。她告訴我，有一天意外發現可以一邊打太極一邊聽古典音樂，非常興奮，邊聽音樂邊打太極，更能全神貫注，享受打太極的愉悅，也讓生活更有樂趣，會一直想要找更多適合太極的樂曲，她用有兩個卡帶夾的錄音機對錄編輯太極音樂，我離開Edison時，她送我一卷她自錄的音樂以及一本英文版的楊式太極拳書。

除了打太極，每週游泳兩次，她說雖然游泳很好，但游泳池的氯過多，對身體不好，次數不能太頻繁。黃昏則為先生與自己準備簡單晚餐，她說她與先生都各有獨立的房間與浴室，彼此尊重，關係很和諧。她認為夫妻兩人應該有各自的獨立臥房，而且一定要有自己衛浴，才能有自己的隱私，也不會讓先生看到自己邋遢、服裝不整的時候。

每年暑假到了就回瑞士，固定住在阿爾卑斯山下的飯店度假兩個月，先生要工作，只能去陪她幾天，多半時間她是一個人度假。她每天會坐纜車到山上喝下午茶再下山。她說她人生已經沒有任何野心要做什麼，或成為什麼，只要健康自在快樂過每一天就好，很感謝先生能提供她這麼好的生活，總是提醒我，女性找到好對象很重要，感覺她好像在暗示我什麼。

當我聽到她「一個人度假」時，有點難以想像，我的獨居是不得已的，但Eugenia卻能一個人住在飯店幾個禮拜。她能獨處，能自得其樂，能離開自己的家鄉住在美國，能隻身一人多次到當時仍封閉極權的中國，一待就是數個月學習太極拳，她想做什麼就去做什麼，讓我覺得很不可思議。

## 如何當個好命的人？

當然，除了她獨處的能力之外，她先生對她的包容以及強力的經濟支持，也是讓我覺得有點天方夜譚，幾乎就是童話故事。

我當時接近三十歲，人生陷入空前危機，前路茫茫然。我並沒有大志要做什麼或成為什麼，只想要與C建立一個小家庭，生養一兩個小孩，兩人都有一份穩定喜歡的工作，能這樣過生活就好了；但這樣平凡普通的夢想竟然不可及，當然就更無法想像我八十歲時的樣子。

我是否能像她一樣，優遊獨立，又有溫柔體貼經濟雄厚的伴侶，無憂無慮，享受醒來的每一天，有喜歡做的事等著，到了夜晚，安心滿足地入睡？我不敢奢想，大概連幻想都沒有過，這好像是美麗聰明的好命女子才能擁有的福報，在成為女性人生勝利組這條路，我應該確定是被淘汰出局了，無論如何也不會成為「好命女子」俱樂部的一員。

不過，儘管我與太極拳老師的年紀與生活條件差距如此之大，能認識這樣一個人，知道人生也可以這麼安靜美好，好像在我心裡燃起一盞小燈，無論我怎麼茫然，這盞小燈總是會努力閃爍，讓我看見——**即使我無法成為傳統的好命女子，擁有溫柔又經濟雄厚的先生，但也許我可以靠自己的精進努力，經濟自主獨立，溫柔愛自己，終究成為一個好命的人。**

# 13 離開Edison，我和C在美的足跡煙消雲散

博士資格考試一結束，距離學期結束時間只剩一個月了，緊接著準備期末考、寫報告，同時一邊打包。C的家人希望我能將車子也打包好，用貨櫃運回台灣。

這些事情實在很複雜，而且，整理在美國將近四年所累積的東西也很難受，每一樣東西都有著與C一起在美國生活的足跡記憶，什麼該丟，什麼東西能轉送他人，什麼該帶走，一樣小小東西的取捨都會讓我陷入過去，往事已矣的悲傷，一次一次重現。

一些仍在留學的朋友，陸續來帶走家具以及一些生活物品，我將書本衣物裝入一個一個大紙箱，用膠帶封好，寫好送達住址，最後整個房子就只剩下不能打包的一張大書桌與一張椅子，這一套桌椅在我獨居的這學期，幾乎與我日夜相處，想了想，還是決定帶回台灣，或許它們已是我的一部分，想將這幾個月的自己帶在身邊。

離開的前一天，海運公司將車子與所有要托運的東西搬走，最後就剩下要帶上飛機的隨身行李。我坐在地板上，環顧四周空蕩的房子，覺得不可思議，竟然能一個人處理這些繁雜的事情，還將車子運回台灣。身體雖然很疲累，但又覺得放鬆痛快，對自己的信任也加深一層。

回想住在Edison這一年，我無奈地面對許多沒把握能否過關的處境，在精神、心智與體力上，皆承受極大壓力與挑戰。前半年，C以藥物與飲食控制病情惡化，提心吊膽，跑醫院檢查，擔心指數變化，擔心醫療帳單，擔心他是否能順利取得碩士學位，然後冒險去大峽谷，完成他想親臨大峽谷的願望，最後安全地回到台灣父母家中養病。

後半年我獨自回美，修三門課、考博士資格考、打包清理……，數不清的難關一關一關過，事情一件一件完成，坐在空無一物的地板上，對這棟房子充滿感恩。然後呢？我腦袋一片空白，無法多想。

我開始打掃房子，冰箱所有東西清理乾淨，刷洗污垢，用抹布擦乾。我們第一年在費城與兩位台灣留學生合租兩房的公寓，因為C急著進實驗室工作，我們在房屋租約期滿前兩個月就搬出費城，另兩位來自台灣的室友仍續住到約滿。但是後來室友通知我們，兩個月的租屋押金被沒收，原因是冰箱沒有清理乾淨，烤箱有很多污漬，牆壁因為掛過海報而有痕跡，房東有錄影為證。

這件事除了經濟損失之外，還有一種羞愧感，美國人會不會以後對台灣人的印象就是這樣，以後沒意願租給台灣留學生，或提高房租？有了這次經驗，搬離住了兩年的New Brunswick公寓時，我與C去DIY的工具材料店買了小包的水泥與油漆，修補牆壁，冰箱與烤箱的清潔當然更注意，當房東來檢視房子時，非常滿意。我之後多年繼續租屋，從來沒有被房東沒收過押金。

**將租屋完整乾淨地還給房東這件事，似乎也影響了後來對很多事情的態度，無論做人、做事、或日常生活，會盡量不將自己的垃圾與髒亂留給他人**。只是，我當時並不知道，我自己內心已經累積了不少的垃圾，我沒有能力看見。

那個學期末，一九九二年夏，打包清理完Edison租屋，覺得精疲力盡，很漫長沉重的一年，我想我再也不會住在紐澤西了，可能再也不會回到這個地方。只是，前方路況不清，陰暗低壓，不知何時會出太陽。

# 14 一九九二年夏的回台三個月

美國大學五月中旬就開始放暑假，我以最快的速度打包回台灣。自從大二與C認識之後，從未相隔這麼久沒見面，雖然越洋電話很貴，我們一週還是通了幾次電話。然而，回到台灣之後，因為我們尚未結婚，大半時間我仍住家裡。

他的父母積極遍訪中醫以及嘗試各種能聽到的秘方，雖然美國醫師診斷權威性很高，但或許我們都還沒準備好要接受，大家內心都還抱著一絲希望，盼望C的腎臟能好起來，如果他能好好休息調養，全力照顧好身體，或者遇到醫術高明的醫生，或許腎功能就恢復了，我們不是經常聽到或讀到「奇蹟」這類故事嗎？

C應該也是抱著一絲希望，但有著豐富西方醫學知識的他，似乎也是矛盾衝突，半信半疑配合著父母要求做各種治療。大家的心情都圍繞著病情的變化忐忑不安。只是，回到台灣，世界就不是只有我們兩個人，是兩個家族。

在我出國四年期間，我們家蓋了一棟大房，百坪左右的地，四層樓，有地下室，十多個房間，可以容納一家十幾人住。原本舊家很小，雖然有三層樓，但地很小，僅有十多坪，當時兩個哥哥都已經結婚與父母同住，小孩一個接一個誕生，三姊妹又都還沒出嫁，有時外婆還會來住，四代同堂很熱鬧，窄小的透天厝實在住不下了。

## 掙扎三天的小蝴蝶誕生了！

新家蓋好時，我已經訂婚在美國讀書，家人以為我要嫁人離家了，就沒有為我留房間。但頂樓還有一間房間空著，沒有人住也沒有家具。C病後隔年暑假，我回家住三個多月，我媽才帶我去買床、衣櫥與書櫃。

那是一九九二年夏，你出生了，我有到醫院陪你媽媽生產，也負責一部分的產後照顧，因為剛好放暑假，時間多最有彈性。印象裡，你是非常美麗秀氣的小嬰兒，每個來醫院看你，抱著你的人，都讚不絕口。只是，你媽媽整整在醫院待產三天，才將你自然生出來，我想，你們兩個，甚至包括你父親，以及周圍的家人，在這過程都受到很大驚嚇，我也總覺得，你必定有強烈的恐懼與創傷，雖然你已經毫無記憶。

我只要想像你原本寄居十個月溫暖舒適的子宮，已經天崩地裂，你必須逃出才能生存，但是掙扎了兩天，才終於通過窄小產道，這是多麼不容易的挑戰，尤其你是你媽媽的第一個小孩，第一個脫離母親子宮的先驅者。你成功了，你的母親也成功了，但這過程，你們所承受的害怕與身體的痛苦實在難以計量。

每次想到這一幕，就很佩服你母親，堅持自然生產，很辛苦地一直堅持到最後，她相信自己，也相信你，不剝奪你人生第一次為自己奮力求生的機會。有一位研究生告訴我，蝴蝶剛成型，要破蛹而出的時候，得用全身的力量，不斷地去撞破堅韌耐磨的蛹，**蝴蝶本身很輕，剛成型的小蝴蝶更是脆弱，力量當然相當微小，但也是這無止境，彷彿不可能成功的衝撞過程，才能讓蝴蝶血液深入翅膀，讓翅膀變硬，才有力量飛翔**。我知道，通過媽媽的產道出生，並非你的選擇，是你媽媽勇敢地要陪著你一起走這段艱困無比的路，是你成功了，而且我相信因為這過程，你體內必然已經滋生了強韌特質，如同有著健康硬挺的蝴蝶翅膀一樣。

你出生後幾週，兩個月前從美國東岸出發的運車貨櫃也到了台灣，我的房間也有了書桌椅，這是我在家裡第一次擁有自己的房間，專用的書桌椅，自己的浴室，靜音的馬桶，浴室磁磚是我喜歡的黑色，臥房旁邊是一間大書房，有一張可以坐十二人的橢圓大會議桌，臥房與書房有大陽台互通，面向東邊，可以清楚看見八卦山脈，看見太陽升起；到了夜晚，站在落地窗前，看著遠山裡點點燈光，雖然整層樓安靜無他人，卻不覺得孤寂。四樓還有一間挑高為供奉祖先預留的大廳房，面對房子的大門方向，仍空無一物，是很棒的打坐空間，落地窗外有十幾坪的大露台，空間足夠我打太極拳，也可以養許許多多植物，可以欣賞落日晚霞，這空間簡直是為我量身訂做，覺得自己就像住在皇宮一樣，第一次覺得自己是有錢人家的孩子。

## 決定回美繼續學業

我媽一直問我一個人住在四樓會不會怕，我不但不怕，而且越來越喜歡，比起在左右鄰居都不認識的Edison獨居，此時樓下有四代同堂十幾個家人同住陪伴，三餐都有熱騰騰的飯菜，而且又可以獨自擁有一整樓層的空間，非常幸福。

我很幸運，在我人生很脆弱的時刻，有日漸強壯的家族接住我，讓我可以好好休息。但是C的身體狀況如巨大陰影，無時無刻籠罩著我，即使住在皇宮，我再也不可能是無憂無慮，不知人間疾苦的公主。

暑假三個多月很快就過，C與家人，我也是，都仍抱著一絲希望與疾病纏鬥中，雖然沒有好轉跡象，但這個暑假似乎也穩定，沒有特別惡化。C的母親在公家銀行當襄理，是相當能幹有主見的職業婦女，我留在台灣也無濟於事，也無法與C很靠近，最後還是決定回美國繼續讀書。之前因為C突然住院，有兩門課沒去考期末考，未完成的課，經過一年，教授又開課了，我可以重修，然後只要再修一門論文寫作專題，就可以完成所有學分，如果可能，可試試看提論文計畫書，走一步算一步。

# 15 住在曼哈頓的一學期

成為NYU發展心理學系的博士候選人時，我即將滿三十歲，再修六個學分以及撰寫畢業論文，就可畢業。距離原以為高不可攀的最高學歷「博士」，大概僅是最後一哩路；但誰會知道，這一哩路走了將近十年！

在Edison獨居時，總擔心有壞人侵入，尤其是晚上睡覺的時候。因此再度回校時，就決定住在學校研究生宿舍，申請到的宿舍位於第三大道與第8街交叉口，一樓是校友會館，樓下有二十四小時警衛，覺得安全多了。我申請到的是有兩個單人房的公寓，進門是一個小廚房，一張小餐桌，兩把椅子面對面。沒客廳，衛浴僅有一間共用，房間非常小，大概不到三坪大，擺放一張單人床，一套書桌椅，地板的空間大約只剩一個單人床的大小，不過床與書桌椅質感都很好，厚實堅固，不覺得簡陋。這樣一間小房間，平均月租大概要九百元美金，幾乎是之前Edison房租的兩倍。這讓我更明白一個現實，在如叢林般的社會生存，要有一個安全的住所是很昂貴的。

## 城市的自由與活力

不知為何，另一個房間一直是空的，管理室告訴我，已經有人申請，但室友一直沒出現。期中的時候，室友搬來了，也是台灣留學生，但我們作息不同，各自關在自己房間，很少共同出現在小廚房，此刻，我連她的名字長相都不記得了，基本上我還是覺得一個人住。

曼哈頓的下城東區熱鬧有活力，走路到第五大道底的華盛頓廣場周圍校區，只要十五分鐘。我住的同樓層有幾位台灣來的留學生，一出大樓，到處都是商店、咖啡館、路邊二手書攤和餐廳，街上滿滿人潮。住在種族多元複雜的紐約，我一點都不害怕，走在街上，沒人會多看我一眼，反而自在自由。

當時我已經沒有獎學金，還好課已經差不多修完了，因為在系上當了兩年助理，認識了幾位學校的行政人員，開學不久，就在教育學院人力資源部門找到一份兼職的工作，負責資料輸入與管理，時薪十五元美金，每週大概也是工作二十小時，全部打工的薪水剛好付房租。在學校打工的感覺蠻好，除了比較不擔心經濟的問題之外，有辦公室，有同事，每天早上會固定時間起床出門，覺得比較有歸屬感，不會覺得一個人在紐約孤立無援。

住在紐約市中心與在紐澤西Edison小鎮郊外的經驗很不一樣，最關鍵的是很有安全感，不怕壞人破門而入，可以完全不受干擾地安心睡覺，讀書，寫東西。孤單煩悶的時候，就走出大樓感受一下人潮，或待在咖啡店讀書寫報告，這給我一種從未有過的特別力量，原來我可以一個人過生活。

博士資格考通過之後，在學業上好像攀過一座高山，進入高原，壓力少很多，不需專注看著前方，而獨自一個人住，時間多，移動迅速，可以稍微伸出觸角探索周圍世界……。

寫到住在曼哈頓這一段，原本以為是比較輕鬆的，會快一點寫過去，但是反而停滯多天，一直無法繼續，每一次靠近，就覺得悶，甚至慌慌的感覺，呼吸開始不順，總覺得氧氣不足，一次又一次起身離開電腦。我並不太清楚為什麼，連續幾天，我清空其他工作，停止其他的書寫，就一直打掃清理家，每天丟掉一些東西，心與腦都有點亂糟糟，不能彈吉他，無法靜坐，直到打出「伸出觸角探索世界」幾個字，才稍微懂了。

## 無法享受人間歡樂

通過博士資格考、住在曼哈頓研究生宿舍時的我，一部分覺得自己是社會菁英，是知識份子，充滿希望的生涯願景，但另一部分的我，又被悲傷與焦慮占據。我無時無刻都在擔心C的病情，但每一次的電話對話，都是絕望地掛上電話，他的身體與精神狀態都越來越糟，這時也會質疑自己留在紐約讀書是很自私的。這段期間，我狀況最好的時候，就是讀書、上課、寫報告、打工，只要有事情忙著，就比較不會耽溺在悲傷痛苦的情緒裡。

當時，除了盡快地將學業完成之外，其他的好奇、其他的生活樂趣，似乎都不該有。走一步算一步地持續學業，我還可以合理化自己的決定，可以苟且前進，但是怎能夠繼續探索其他？

但有一部分的我，卻又發現一個人住在紐約，是當時最好的去處。父母家雖溫暖舒適，卻是個傳統小鎮，我沒有工作，沒有朋友，會很想去探望C。然而，住在C的家，其實完全不是我的家，一舉一動都不太自在。儘管離開家人，離開C，獨自飛回紐約時很難受不捨，但當我剛住進宿舍那前一兩週，在大樓裡三坪不到的小房間，與台灣隔著半個地球遠，我竟然能安心地一直沉睡，或許也是時差的因素，我日夜沉睡，好像很久沒能好好睡覺。

記得住進宿舍的第三天晚上九點左右，我已經睡著，同層樓某個房間突然發生火災，居然沒被大聲的火警鈴吵醒，是台灣學生來狂敲我的門，我睡眼朦朧打開門，同學大叫：「學姊學姊，有火災，趕快出來。」我拿了鑰匙，就跟著同學們衝出大樓，與一群人在街上等待消防車滅火時，才發現我穿著短褲光著腳丫，護照皮包等重要東西都沒帶出來。

我一天一天適應住在研究生宿舍的生活，覺得越來越靠近自己。但是每一次感覺到生活的美好時，立刻會有許多自責的聲音湧出，你怎可吃好，睡好，C正在受苦，你怎可讓自己如此輕鬆自在？你怎可這麼不講義氣，你們不是感情很好嗎？怎可一人偷安？我該好好活著，還是與C同生共死？這之間的拉扯，一直糾纏著我。

我是活下來了，但一直到半百，都難以完全享受人間歡樂。

但那學期讓我喜歡上紐約，慢慢與自己靠近，我其實哪也沒去玩，歌劇、百老匯、藝術活動、百貨公司、時尚、觀光景點……，這些眾人的焦點，好像都與我無關，唯一參加的活動是每週一次到附近New School學院的咖啡簡餐廳，與台灣留學生聚會，討論當代一些議題。

因為課沒有很重，我也找好了論文指導教授，論文題目也通過了，開始寫研究計畫，才一個多月，一切都進入軌道順利進行，工作、學業、人際關係都進展很好，應該一兩年內，就可以畢業。因為一個人住，時間多又有彈性，同學朋友也漸漸多了。

但就在這個時候，C在地球另一端的電話中問我，能不能休學回台灣，他說他好像撐不下去了……。

# 16 中止學業，回台陪伴C

C所謂撐不下去，有點複雜，一方面是指身體狀況，看了無數的中醫以及嘗試各種好心人士介紹的秘方，並沒有好轉，心裡有數，終究還是必須面對之前美國醫師的診斷，以人工透析毒素的方法替代腎功能，維持生命。但是他沒任何經濟能力，這筆費用從何而來？如果父母不支持，堅持繼續中醫與秘方治療，怎麼辦？

另一方面，是他與母親之間的張力。他從小資優，長子，母親對他期望非常高，緊迫盯人，而C出色的學業成績，也讓母親引以為傲。C曾跟我說，他小時候若考試98分，回到家媽媽還是會打他兩下，問他那兩分跑去哪裡。

C如母所願，考上全國錄取分數最高的中學，獨自到台北讀高中，離家數百里，母親鞭長莫及，像是飛出籠子的小鳥，自由飛翔，做他自己。他沒有將全部心思放在課業上，沒有依照他母親的心願讀醫學系，但與母親互動時，仍是溫柔孝順，不頂嘴，不口出惡言，很少與母親正面衝突，我媽常誇獎C的氣質很好。

他壓抑內斂，不輕易表露他的想法與感覺，只會拐彎抹角，以其他被動的方式，例如諷刺、酸語、沉默、或逃避不面對來抵抗，如今生病了，在母親面前，要保有自己的主體性並不容易。

我主修發展心理學，清楚看見C發展出各種複雜的防衛機制，也比較能了解他與母親之間的複雜糾葛與彼此的角力關係，但我不該評論，他們之間的緊密關係，外人沒有資格說什麼。只是，因為我與C的親密關係，我的人生發展變化也確確實實受到他們之間關係的影響，這是不可否認的事實，包括我博士論文主題的選擇，「比較中美父母教養價值與實踐」，應該也是感受到父母對小孩的巨大影響力，我想去弄明白，什麼樣的親子關係，哪些教養價值，對小孩的發展是最好的。

## 難捨求學生活

C應該是相信西方醫學診斷，但與強勢、意志力堅定的母親同住時，對於怎麼做對身體是最好的，對自己是最好的，並沒有很多的自主權。然而，母親堅持繼續中醫與秘方治療，他越來越難以承受，但母親並不願意放棄。C並非輕易向人求救的人，當他開口要我休學回台灣，應該是已經處在崩潰邊緣了，我不可能說不。

我開始與系主任以及指導教授約談，準備長期休學事宜，但在準備放下學業的過程，也發現我相當不捨放棄已爬過幾個山頭的學業，擔心這一休學，還有機會再回來嗎？還是與C一樣，就此與博士學業別過？

至今難忘的是，有一個深夜，我與一位熟識的同學在電話中聊到就要回台灣，當時只是很日常地要告知她我不續租宿舍了，她也是NYU博士生，家住在皇后區，偶爾會來找我借宿，成為好友。結果，當我一提到決定要休學了，竟然失控地痛哭，哭了好久。那一刻才知道，我那麼難以割捨學業。離開紐約那天，同學送我一本精裝綠色封面的英文手繪書《*The Giving Tree*》，要我在飛機上讀。飛機起飛後，我一頁一頁開始慢慢翻，讀到最後一頁，看著那棵一直付出的樹，最後僅剩下短短樹頭可讓男孩坐下來休息的畫面，再次淚流不止。

那時，我在美國讀書已經長達四年多，我是喜歡與書相處，喜歡在學校聽有學識與特殊風格的教授上課，欣賞他們的風采，喜歡待在圖書館挖掘資料解惑，喜歡在電腦前思考打報告，喜歡在課堂上遇到有趣的同學，覺得若能一直待在大學裡讀書工作，該有多好，這樣的生活比我之前四年的上班族生活自由充實許多。如果想持續待在大學裡，只要取得博士學位，從學生變成教授的身份就有希望。

到美國讀研究所之前，我並沒有這樣的夢想或生涯規劃，這條路是慢慢跟著當下的情境與感覺走出來的，並非預先規劃，我沒想到能走這麼遠，目標已在視線範圍。而且當時住的紐約大學宿舍，周圍生活圈熱鬧有活力，附近都是著名的聚落，東邊是龐克區，中間是第五大道南端終點，人潮匯聚的華盛頓廣場，南邊緊鄰蘇活區，西邊就是格林威治村，這整個區域的文化藝術氛圍對我的衝擊相當大，眼花繚亂，一個奇異未知的世界，我很好奇，很想去探索。

但C連最基本的生活都有困難，生命岌岌可危，在這樣的時刻，我沒有理由繼續探索世界，不該去想未來，去問自己想過什麼樣的生活，這些渴望太奢侈也太自私，必須先擱置一旁。

## 與另一個自我相認

我無奈地一個人在遙遠異鄉獨立生活兩學期，在小鎮郊區與繁華曼哈頓市中心兩個完全不同氛圍的空間，**體驗一個人生活的百般滋味，這歷程卻也磨出一個新的自我，**

**不再過度害怕獨處，以心理學的專業術語來解釋，就是我的「個體化」有了突破性的發展，我與自己的關係日漸親密，鬆動了我對家人、朋友、情人的依戀，以及任何其他社會角色的牽制。**這個自我在嚴苛的環境磨練下，不知不覺長大茁壯，影像越來越清晰具體。或者說，「我是誰？」這問題的答案，隨著四年多在美國讀書的歷程，不斷地產生變化，除了在關係中的我，社會角色的我之外，還有一**個想要認識世界、明白宇宙道理，飛翔在天地之間，能好好吃飯，安心睡覺的我**，這個自我也許一直都在，只是我一直忽略，因為有機會長時間的獨處，才終於好好相認，成為未來歲月的支柱。

這個我與外在的他者經常必須拔河拉扯，一邊想獨立於他者，餵養自己，一邊也希望能與他人以及社會角色和諧共處，如何平衡兩端，找出適當的界線，至今仍是功課。

# 17 我看見人的內在巨大力量

我不輕易接觸任何宗教組織，對以絕對權威自稱的人或機構都很敏感，但會跟著家人拿香拜天拜地，對天地神鬼是敬畏的，只是不會完全臣服跪拜祈求。在C生病之前，我沒經歷過巨大失落，沒有什麼非實現不可的願望，或必須達成的目標，得與失的焦慮都還沒大到讓我屈膝求援，總有某種程度的傲氣，無法為了想要什麼，不想失去什麼而完全順服權威或交換自己。

之後受社會科學訓練，我習慣以好奇、有距離的眼光，觀察人的行為、觀察社會的現象，社會學與心理學都是我有興趣的學科。馬克斯批判宗教是窮人的嗎啡，便宜的止痛藥、安慰劑，好像只有脆弱無能的人，才會尋求宗教的救贖；也許與自我價值感低有關，有很長的一段時間，我頗難接受自己是脆弱無能的人。此外，宗教團體對組織內的權威服從、不批判、不開放探討研究的氛圍，也讓我敬而遠之。年輕的我，還不能理解有什麼事情是放不下，或不能理解，不能解釋的，也還有人定勝天的信念。因此，即使我高中讀天主教學校，大學是基督教學校，但總是對宗教敬而遠之，家人也經常參與廟會活動，但我從不認為我是任何教派的信徒。

## 接觸佛法，尋求支援

然而，C患重病，醫生宣判不能復原，而且狀況將越來越糟，我不能面對這失落，也不忍心看他受苦，人生第一次覺得如此無力無助，應該是徹底被打敗了。C出院後不久，他母親飛來美國看他，與我們同住一週，她是虔誠佛教徒，就在客廳書架放了簡單佛像，帶著我們拜佛念經，祈求觀世音菩薩讓C的病好起來。C母千里迢迢帶著菩薩，以她的方法要來救兒子，要C與我也跟著跪拜，也許我們都很脆弱，需要希望，需要奇蹟，也許我們都不忍C母希望幻滅，我們順從地跟著膜拜，向觀音菩薩祈求，那是我生平第一次跪下向佛俯首頂禮。

後來，我在費城天普大學讀書時認識的台灣留學生，幫忙引見來自佛光山的宗教系博士研究生慧開法師，希望佛法能給我們一些安慰。我們開了兩小時的車去找他，已經不記得法師說些什麼，好像是人生無常之類的道理，他讓我們帶回一本金剛經，手掌般大。我剛開始誦讀時，完全陌生不解，但奇妙的是，當專心誦經時，心會安定一些，暫時減緩慌亂或沉重悲傷。有時，讀著讀著，慢慢也能懂一兩句。

我最先有感的一段話是：「菩薩莊嚴佛土不。不也，世尊。何以故。莊嚴佛土者，即非莊嚴。」我的理解是，佛陀告訴弟子們，菩薩如果自以為佛土莊嚴，就已不莊嚴了。這段對話，對我很有說服力，讓我看見自以為是或得意忘形時的自己，也會因此而察覺到內在的空洞感，所以才需要去彰顯自己的成就。寫到這裡，我隨手找一本金剛經查一下上述這段話的正確全文。

剛回台灣教書的前一兩年，覺得金剛經對我幫助甚大，起了念頭，自己設計封面，請印刷廠印製了幾百本慢慢送給有緣的人，也因而在每個住處，都有存放這本手掌大的金剛經，包括紐約Bill的小公寓，要誦讀時隨時都可找到。

那段話出自金剛經的第十節，此刻，我才知道，後面緊接著就是讓禪宗六祖開悟的著名句子「應無所住而生其心」，整段話是釋迦牟尼告訴弟子須菩提以及眾菩薩：「應如是生清淨心，不應住色生心，不應住聲香味觸法生心，應無所住而生其心。」

我大約可以理解這幾句話，但要做到釋迦牟尼所說的「應無所住而生其心」境界，也就是一方面要「生其心」，積極地去修身養性，努力去莊嚴自己國土，一方面又不能「住」，不貪著迷戀自己做了些什麼，不去沾沾自喜，自戀自己的所作所為，不要得意洋洋，自認自己的國土是莊嚴，這樣的修養多麼難啊！

不過那個時候對我而言更難的功課，不是色聲香味的追尋精進或迷戀，而是無法不難過悲傷，無法不害怕C的生命岌岌可危，如何面對眼前的困境，如何安定自己，我很茫然，然而，即使不迷戀世間繁華，光是悲傷或心驚膽跳，心已是非常混濁不清淨了。

## 第一次禪修課

距離當年開始讀這部經時，已經二十七年了，不知為何，此刻我對「清淨心」這三個字感觸特別深，可能是很渴望自己的心經常是清淨的。幾十年過去了，是少了一些執著，但與保持清淨心境界仍相距甚遠，總是片片斷斷不久長，比起混亂焦躁失落心，根本是不成比例。

我起了念頭，想練習寫毛筆字，寫好這三個字，掛在所有的住處，隨時提醒自己。但這也有點不對勁，有點此地無銀三百兩的心態。渴望貪著清淨心本身，就已經多心了，怎是清淨？處心積慮，勤奮耕耘要清淨心，一不注意，反而更遠離清淨心了，這很弔詭，要識破這之間的陷阱相當不容易，我只有在打坐與寫作的時候比較清醒。

當時，另一位也正在天普大學攻讀宗教博士的朋友，介紹我們認識在紐約東初禪寺帶領禪修的聖嚴法師，我們先讀了聖嚴法師的書，他留學日本修得文學博士，文章很好看，所傳遞的佛法與禪宗思想，也很吸引人，總是可以讓心安定下來，我與C都喜歡，在絕境之處，透出一絲希望。我們抱著期待，開車去紐約皇后區的東初禪寺參見聖嚴法師，當日他親自幫我與C皈依，我們也在東初禪寺跟著果元法師學習初級靜坐禪修課程。紐約皇后區距離我們當時住的紐澤西Edison有點遠，學了一天初級禪修班之後，那一年我們就沒有再回紐約東初禪寺。

一九九二年秋，我一個人住在學校研究生宿舍，修補之前未完成的課，選好了指導教授，開始準備撰寫論文計畫書，同時繼續閱讀聖嚴法師所寫的關於禪宗與禪修的書，幾週後，我就再度回到東初禪寺聽聖嚴法師講經，也去參加東初禪寺的一天禪修。那是一九九二年十月三日，能記得這麼清楚，是因為我斷斷續續有寫日記的習慣，剛好有紀錄這一天。

那天我的狀況並不好，早上九點開始靜坐，下午五點結束，坐立難安直到下午三點多，痛苦不堪，法師帶大家經行與跑佛堂後，只剩下最後一支香，我大概對自己很生氣也很失望，無計可施了，心想，若死亡就在面前，這一刻我會怎樣？突然發生在C身上的悲劇，可能在每個人身上發生，當然也可能發生在我身上，人生無常，世界無常，宇宙無常，每分每秒，一部分的自己都正在死去中，許多生命也都正在死去中。我好像可以感覺到人生很短暫，也很寂寞，生命終究都會死，而且死的時候，是沒有人會陪著一起走，孤單寂寞是生命的必然。這一想，感覺許多大事都變小事了，心慢慢安靜下來了，可以穩穩地坐完一支香。我快樂地離開禪堂，回到曼哈頓，那天晚上的日記寫說：

人生再也沒有比讓自己平靜更重要的事，生命是你自己的，別人的評價與你不相干，不要浪費能量去取得他人的讚美。你是唯一能解放自己的人；只有你自己能決定你是誰。

我有點驚訝，三十歲時的我，竟然會寫出這種冠冕堂皇的智慧之語，二十七年後讀了仍然覺得頗有感，表示至今我仍沒做到，尤其「生命是你自己的」這句話，我特別不確定。此刻也更清楚看見，寫日記時，經常會對自己信心喊話，自欺欺人，讓自己日子可以過下去。當決定休學回台灣陪伴C那段期間，我對學業不捨，對C的身體狀況不安，內心仍是翻攪痛苦不已，短暫的禪修喜悅，很快就褪去，我無法自由解放，也不知道自己是誰，覺得眼前有任務必須去承擔，根本無法思考我是誰。

因此，我決定在休學回台灣之前，去東初禪寺打禪七。聖嚴法師主持的禪七，是不能說話，甚至與他人也不能有眼神接觸，是我當時想要的，但我完全不知道是否有能力在蒲團上坐七天，只覺得我需要暫停一切，心需要安靜下來，把自己狀態調整好——在回台灣之前。

然而，我還沒養成每天打坐的習慣，之前也僅參加過初級禪修課程以及一天的靜坐，當時負責行政的果稠法師親自打電話給我，他擔心我無法完成七天的禪期，問了我很多問題，我也不知道是怎麼說服他的，可能是我強烈的意志，可能是我當時博士生的身份，容易取得他人的信任，我終於通過了他的評估，讓我參加年底的禪七。

有時我也會問自己，為何想到禪寺這樣神秘陌生的地方，我是不是與許多人一樣，在世間遇到解決不了的問題，遇到過不去的困境，才會去親近佛，所謂的「遁入」空門？

我還說不清楚那是什麼，誦讀很多遍很多遍的金剛經、心經，以及讀幾本聖嚴法師的書之後，我對佛法與禪修的興趣越來越濃厚，一直想往那方向前進，就像曾經對知識學術的仰慕渴望一樣。

說也奇怪，決定去接受一個全新的挑戰之後，心竟然就安定多了。七天不說話，多數時間坐在蒲團上的禪七，這個挑戰真的不小，但也覺得這是不受打擾地與自己在一起，是給自己一個大禮物，然後就要暫別紐約。

下定決心要休學之後，學期已過了一半，特別珍惜最後在校的時間，很想專心讀書，準備期末考，撰寫研究計畫，我決定辭掉學校的打工，有點奢望能寫出論文計畫初稿。因為不用早起上班了，我可能是夜貓子，讀書寫報告越晚精神越好，也因為時間很有限，有點急，總是到深夜一兩點才有睡意。

## 意外的一柱香！

學期終於結束，我修完了六學分，補考前一年沒去考期末考的科目，但研究計畫書終究還是沒寫出來。在回台灣的前一週，一九九二年底聖誕節前夕，拖著相當疲憊的身體，帶著睡袋，到東初禪寺閉關打禪七。我充滿期待，以為可以很快放空，放下所有煩惱，有所頓悟，或者像之前禪一的經驗，大概一天左右就能適應。期盼自己能暫時出離一切，什麼也不想不做，在蒲團上安頓身心，在禪寺好好休息。

但結果完全不是我的預期，是兵敗如山倒，連續幾天都痛苦萬分，主要原因是夜晚睡不著。每天晚上十點睡，早上四點起床的禪修作息，我完全無法適應，原本我的睡覺能力就很差，加上晚睡晚起的生物時鐘一直調不過來，前兩夜，等到我累到不行想睡的時候，就傳出打板聲，大約就是整夜煎熬，擔心睡不著，然後就更睡不著，而白天坐在蒲團上的時候，就忍不住打瞌睡，坐不穩。

日以繼夜，每天戰戰兢兢，疲累不堪。白天擔心昏沉睡著，坐在蒲團上東倒西歪，很丟臉，也撐得很難受。聖嚴法師一直重複開示提醒要放鬆要放鬆，打坐最重要的關鍵就是放鬆，我也努力要求自己要放鬆，懇求自己要放鬆，但怎樣也無法放鬆。

不久就開始腳痳腿痛，肩膀酸，背痛，頭好像是被沉重的大石頭壓著，不，應該是頭部本身就是一個大石頭，每一柱香都很難熬。然後到了晚上，又得承受睡不著的緊張痛苦，焦慮寶貴的睡覺時間一分一秒過去，打板聲很快就會響起，又要開始一天痛苦的循環，那真是極至的折磨。

當時我還不懂**越是急著想要睡著，越是睡不著，越是命令大腦要放鬆，大腦越是固執，緊咬不放**。這些弔詭的道理，都是很後來從一天又一天的禪修體驗學來的。我的第一次禪七已經過了大半，不僅沒有一刻放鬆，沒有任何「禪悅」，精神與肉體也都痛苦不堪，我無力無能紓緩我的痛苦，一次又一次被打敗，不相信自己，對自己失望，自我厭惡，連基本放鬆都做不到。好不容易從學術知識場域建立的一點自信被打敗，打禪七的挫折經驗，讓我清楚看見自己的傲慢無知，看到自己總是眼高手低。

到了第五天，我的痛苦已經逼著我差不多要投降了，很想放棄離開禪堂，不想再努力堅持。但意外的是，**開始認輸投降**，接受自己就是失敗了，無法完成七天的禪修時，很神奇的，**大腦裡那顆大石頭慢慢縮小了，或者變質轉化成棉絮，頭部漸漸輕了，肩膀的酸痛就跟著消失，身體自然輕鬆地在蒲團上坐直坐穩，呼吸順暢，整個人越來越沒有重量感，沒有想要什麼，也不覺得自己得到了什麼，或達到什麼境界，就是很舒服很輕，沒有任何負擔，有時感覺到鼻孔進出的微熱氣息，有時連呼吸感也不見了，就這樣靜靜坐著，存在本身就這麼完美、滿足。**

因為之前從未有過這樣的經驗，唯一類似的感受是在Edison獨處時被音樂滲透穿入的體驗。其他能記得的，多數是緊張、焦慮、擔心、怕受傷、怕失去什麼，或總是有所求，有欲望，努力要達到某個目標，要擁有什麼，即使睡覺，也常是緊張，惡夢連連。

那柱香讓我意外發現，生命原來也可以這樣安定安適，而這樣美好存在，竟然不需要擁有什麼，不需太大的空間，就只要一塊方墊，一個蒲團，安靜地坐下來就可以，連音樂都不需要。這體驗對我的衝擊相當大，清楚看見自己總是扛著千斤萬擔在走路，被無數的枷鎖綑綁住，頓然覺得過去的自己很可憐，情緒升起，熱血湧上，眼淚開始不停地流下，一直流不完，直到這一柱香結束。

## 找到內在的自由之路

弔詭的是，這一自憐，清淨心也就跟著逐漸消失，被自憐心取代了，而且，隨著強烈的自憐，也升起了怨懟不滿、自責，罵自己怎會這樣愚蠢，把人生過成這樣，各種心思又逐漸回來，那種輕盈沒有負擔的存在也隨之慢慢消失了。大哭一場之後，下一柱香很想回到之前無負擔的狀態，但已經回不去了，如《金剛經》所說，過去心果然不可得。

雖然是很短暫的體驗，但對我已是相當大的震撼，讓我知道人活著是有機會圓滿的，更重要的是，這是有方法、有路徑可以慢慢靠近。第一次的經驗可能是偶然，但若透過練習有了第二次、第三次，就會慢慢發現還是有跡可尋的，沒有所謂的偶然，人生目標從此有了新的選項，有了希望感。

即使此刻，光是回憶當時的狀態，就有滲透作用，體內的烏煙瘴氣慢慢蒸發，身體逐漸放鬆輕盈。早在國高中時代，就意識到對自由的渴望，很努力要獨立，避免被欺負壓迫，到了將近三十歲，取得紐約大學博士候選人資格，在社會上的階梯越爬越高，以為這就是邁向自由之路。

但是，**去打了禪七之後，我看見距離真正的自由還很遙遠，我看見綑綁我的，已不僅是外在環境，更關鍵的是我內在層層疊疊錯綜複雜的迷宮牢房，其實是我與自己的距離很遠。**

這個發現對我意義重大，因為要改變外在環境，我是無力的或緩不濟急，但走出內在的牢房，我卻是可能做到的。禪修讓我看見人的內在巨大力量，只是，要與這股力量連結，卻也不是一次禪七就能觸及。

# 18 愛情與親情的拔河

禪七結束那天，正好是一九九三年的元旦清晨，我八點離開禪堂，坐地鐵從皇后區回到曼哈頓還不到九點，這天是大假日，街上沒什麼人，才短短一個禮拜，覺得世界有點不太一樣了，我好像去了很遠的地方旅行回來，發現了另一個新世界，眼前所見的曼哈頓花花世界，只是一部分的現實。當天深夜，我就搭華航直飛班機回台灣。

回到台灣，生活果真比在紐約讀書複雜許多，要面對的不僅是自己，還有我的家人、C的家人。由於我第一次在家有自己的房間、書房、大露台，一個人住在新房子的四樓，讀書、寫字、打坐、打太極拳，很少有人會到四樓來，有很多時候是有幸福感的，身體獲得充分的休息。

然而，隨著我在家的時間漸長，與家人之間的相處開始有些張力出現。

我在家排行最小，除了姪輩之外，父母、兄姊、大嫂二嫂、加上偶爾會來住一兩個月的外婆，等於家裡有九個比我輩份高的大人，雖然和睦相處，每天三餐固定一起在大圓桌吃飯，但我有種無法與他們深入對話或被了解的孤單感，或者家人也不知道如何談內心事。決定休學、暫時不回紐約讀書，就已經不是學生身份，迎面而來的是現實就業問題，尤其我生長在四代同堂的大家庭，每個人都各司其職，各有工作，賦閒在家自然就有種無形的壓力，並沒有很自由。

## 在補習班教英語，養活自己

但是，我能做什麼呢？離開台灣的職場四年半，雖然我擁有教育心理學碩士，已經是紐約大學應用心理系的博士候選人，但完全沒有所謂學成歸國的心情，心裡雖仍惦記著未完成的論文，之前熾熱的學術熱情，被突來的狂風暴雨澆熄大半，而且這場風雨不像一般颱風過境，幾天後就會晴空萬里，我所遭遇的處境像是一大半土石被沖刷崩落的山林，地勢險峻，要在光禿陡峭的山坡復育森林，幾乎是不可能的挑戰。

C的身體狀況不明，我無法從事學術研究或任何全職的專業性工作，無力顧及未來生涯，該怎麼辦？怎麼經濟獨立？

想來想去，最容易的就是去補習班教英語，時間自由，無須消耗太多的腦力與精神壓力，也許還有餘力寫論文。

我找工作的運氣不錯，不久就在C家附近找到一家規模不小的補習班，有開國四補習專班，就是國中畢業生，但沒有考上高中想重考的學生自成一班。我教兒童與國中英語，每週上二十餘小時，排四天課，雖然低薪，一小時鐘點費三百元，但一個月大約有兩三萬的收入，足夠我的基本生活費，不用向家裡伸手拿錢。

一九九三年三月開始，我每週坐火車在南部與中部之間往返，週間在補習班教書那四天暫住C家，週末就回父母家住。C家與我家一樣，都蓋了新房不久，已經幫我們留了房間。他們之前住的是父親上班銀行所配給的日式庭院宿舍，雖然空間大，但終究不是自己的房子，房舍老舊也不能翻新，於是就在附近街上買地蓋了新家。

然而，當時我與C只是訂婚，我媽是傳統女性，其實很不高興我尚未結婚就住在男方家，那個時代，女人還沒結婚就與男方同住，是沒有尊嚴的。他們也非常不高興栽培我在美國讀那麼多年的書，卻到補習班教英語，常質問我當初為何要出國深造？

我無言以對，無法告訴他們我內心的掙扎與兩難，當然，我也無法對C說出我中斷學業的不捨以及我父母的不悅，他已經疾病纏身，不能再增加他的壓力負擔。

我清楚補習班的工作是暫時的，是當時我能陪伴C的藉口，休學的主要原因是要協助C重建生活。只是，我得適應一個陌生的家，擔心C的病況，但又不被家人諒解支持，覺得自己裡外都不是，委屈莫名，日子並不容易。

我知道我父母默默為我擔心著，他們是很善良的人，一方面同理C，為C感到難過，但一方面又擔心我，面對這樣的兩難，很難恰當地表達情緒。對於極度無奈兩難的處境，最後都只能沉默，不多說什麼。

我盡力地獨立，不求於他們，無論在經濟上或精神上，他們也只能默默板著臉，接受我的所有決定。我心裡其實對父母也有愧疚，無法讓他們安心，以我為榮。

## 該如何忠於自己的意志、感覺和價值？

不久，C想要有自己的空間，與父母保持一點距離，我們一起去整理有一段時間無人居住的宿舍，開始買了些花草回來照顧，好像又回到在美國的美好生活。

但才過了幾週，我就感冒，發燒咳嗽不止，連聲音都快不見了，持續了一個多月，這時候，還得繼續在台上講課，尤其上兒童美語班，相當痛苦，病更難好。父母看著我的感冒一直沒好起來，越來越焦慮，因為小時候得過百日咳，我的支氣管與肺功能都不好，我媽一聽到我咳嗽就緊張，甚至生氣地對我直言，說我僅為了愛情，不顧自己的生死。我知道他們不習慣揭露難過焦慮的情緒，只能用生氣表達，但當我媽這樣說時，我其實很不舒服。

我思考很久，為何我媽說我為了愛情不顧自己生死我會覺得受傷、沒被理解？想來想去，大概是覺得被貶低，好像自己很笨很傻，或者認為我被愛情遮住雙眼，迷失了自己。但我覺得我是做該做的事，不能在這個時候拋下C不管，我有我的獨立意志，我的核心價值，覺得人應該有情有義，並不是單純地被「愛情」驅使、綁架。

當C中斷學業選擇回到父母身邊時，我退居一旁，獨自在美國生活了兩學期，這一年大概是我真正的成年禮吧，我覺得我不傻不笨，也非弱者，並非情感的奴隸，不會因為沒有了愛情就活不下去。但在我媽的眼裡，我大概是又笨又傻，也或許她的直言真的戳到了我內心一部分的痛處與焦慮，害怕自己終究是個傻子，害怕這一生無法活出自己，我才會記得至今。

我一直渴望自由獨立，怕被任何人控制，怕被任何意識形態與社會角色綁架，也害怕依賴。我想要有愛情，但也不要因為沒有愛情就活不下去，或是有了愛情就失去了自己。

但有時也很困惑，不失去自己的愛情是愛情嗎？我渴望什麼樣的愛情？我希望我的所作所為都能忠於自己的意志，自己的感覺，自己的核心價值。但是，當我身體開始生病衰弱，精神也陷入巨大的痛苦時，這是愛的代價嗎？我是否也成為我的意志、感覺、價值的奴隸而不自覺？

# C 19 在生死邊緣掙扎

在美國，C因為沒有買醫療保險，無法持續留在美國看病，繼續完成學業。回到台灣，其實也遇到相同的醫療保險問題，因為當時還沒有全民健保，我唯一能想到的，是立刻辦勞工保險。

我爸自己開公司，沒有第二句話，就以聘用的方式，幫C辦了勞保。但是所有保險都規定，不包含入保之前的疾病，導致C的處境很困窘，回台灣的第一年不敢到大醫院檢查，怕留下記錄，萬一真的到了必須洗腎的階段，保險又不給付時該怎麼辦，因而只能到私人小檢驗所自費檢查腎功能變化，看中醫以及各種偏方療法。

寫這一段，心酸難受，停頓多日，一直無法進入。

人世間有很多的滄桑無奈，我媽人生最大恐懼就是家人生病沒錢看醫生，她的父親不到六十歲就過世，也有好幾個弟妹在她眼前沒有了呼吸，而更大的創傷應該是她的第一個孩子也沒存活到周歲，這些事她很少提，我們也不敢問，但戶口名簿都紀錄著。

對死亡的恐懼與無力感，是我媽一生的黑洞。從美國到台灣，我親身經歷這樣的社會現實，特別能同理她的恐懼。

## 醫院的一幕

C病後的第一年，仍抱著一絲療癒的希望，全心全力在家養病，沒有外出工作，但這一來，在經濟上就必須依賴父母，自己的自主權更少了。經過一年的努力，每次在檢驗所驗血的結果報告，腎功能沒有進展，甚至是逐漸下降，後來他與家人都有點逃避，不太願意去抽血檢查。

有一天下午，他在日式宿舍裡睡午覺，醒來告訴我，他看見一些奇怪大小不等的人影在他身邊，我覺得他的臉色很暗黑，懷疑他意識不清有幻覺，強迫他一定要去檢驗所檢查腎功能，他已經三個月沒抽血檢查了。

結果，他的腎功能Creatine指數已經超過30，健康人正常值是0.5到1左右。現在只要指數達到6，健保局就給付人工透析費用，而他的指數高過30，表示已經完全沒功能了。

我們兩個看到檢查報告，就像兩年前在美國檢查眼睛、發現血壓高達兩百一樣驚慌，當時我們不管保險不保險，不問他父母的意見，只求保住性命；我立刻開一小時車程送他到成大醫院急診室。那天我非常驚慌，也非常難過，這種生死邊緣的緊急處境，難道要一再重複嗎？

急診室醫師聽了我們的描述，立刻進行各種檢查。最後，醫師告知我們說，他腎臟已經幾乎沒功能，體內毒素累積太多，一定要人工透析排毒，否則保證撐不過一個月。醫師冷冷嚴肅地說，你們要趕快做決定，若不願意接受洗腎，現在就可以出院回去了。醫生似乎很不以為然，為何不相信現代醫學，拖到現在才來就醫。

然而，這時候，C的母親在一旁用台語跟躺在急診室病床上的C說：「嘸咱轉來。」聽到他媽媽對C說的話，我如晴天霹靂，大腦一片空白，什麼？這是什麼意思？「我們回家？」她要帶兒子跟她回家？就這樣放棄了嗎？就在我無法立即反應的時候，我聽到C篤定地回他母親說：「不，我要洗腎。」

那是一九九三年五月十四日，C在美國病發後剛滿兩年。此刻的我還是無法平靜，僅是以簡短的文字寫下當年醫院現場——事隔二十多年，C也已離開人間十多年——我仍全身顫抖，淚流滿面，無法繼續……

# C 20 決定離家，不再與母親同住

急診室醫師得到病人的同意後，立刻安排C做人工透析治療，才一兩週，他的身體狀況就越來越好。住院前幾週，他經常有幻覺，看到一些影像，意識進入恍惚狀態，這些狀態都不見了。醫院的腎臟科護士告知我們不須為醫藥費擔心，勞保能給付，而且腎臟失能是屬於重大殘障傷患，若沒有勞保，政府也會補助百分之八十，這讓C大大鬆了一口氣，好像重生一樣，我們都太無知封閉，讓他苦苦撐兩年，才終於可以放心接受西醫治療。

以人工方法替代腎臟排出體內毒素或廢物有兩種選擇，一是將血液抽出用機器清除體內累積的毒素，這必須每週到醫院兩三次，每次四五小時，需要專業醫師與護理人員一旁操作照顧。另一種是在腹膜腔做一個引流導管，灌入兩公升左右的藥水，讓血液裡濃度比較高的毒素廢物能滲入藥水中，四、五個小時後再將藥水引出，注入新的藥水，新舊藥水替換大概需要半小時才能完成，一天必須要四到五次。C希望獨立自主，選擇可以自己在家操作換藥的腹膜透析方式。

因為在急診室聽到母親要他放棄人工透析，C對母親已經徹底不信任。

母親從小替他做了很多的決定、也替他選擇，但這回若繼續讓母親作主，就表示連自己的生命也要交還給母親了。我當時已經決定博士論文主題是比較中美父母教養價值，忍不住分析母親為何會在這個時刻，不接受西醫的治療而決定回家。是擔心洗腎的後遺症嗎？還是因為從小對他期望很大，只要一接受人工透析，就是無期徒刑，腎功能復原的希望就破滅，她用盡心力教育雕塑兒子，以子為傲為榮，是母親人生最重要的成就，結果兒子必須洗腎為生，對望子成龍的母親而言，是否等於夢碎？等於自己曾經注入的心力都白費了，她事事求完美，是否寧為玉碎，不願瓦全？

**小孩從母親的身體分化出去，許多母親將孩子當做自己的一部分，無法尊重孩子是獨立的個體，獨立的生命，對孩子的人生強烈的介入，包括職業、伴侶，甚至生死。**

雖然這個事件對C的衝擊很大，他非常受傷，卻從來沒有與他母親提起過，一直保持沉默到生命結束。

## 最快經濟獨立的工作

出院之後，C決意要獨立生活，不願再與母親同住。他父母多年前在台南某菜市場旁，購置一棟簡陋的小透天厝，當時與他差距十歲的小妹正在附近大學就讀，一個人住在那裡，還有兩個房間空著。那地方位於台南兩家最大醫院之間，就醫比較方便，也暫時省去房租的負擔，而且C疼愛小妹，不介意與妹妹同住。他迫不及待要離家，菜市場旁的透天厝是當時最現成的空間，父母也沒反對，我們打包了簡單行李，開著從美國運回的手排小喜美，匆匆搬到台南巷弄過生活。

對於我搬到台南與C同住，我父母更難接受了，因為我與C尚未結婚，而且C的身體很不穩定，台南離家更遠，以後就無法每週回家了。但我無法想太多，當時只想幫助C重建生活，可以獨立自主，有尊嚴地活著，好好把日子過下去。至於家人的眼光，家人的焦慮，世俗社會的眼光，我自己本身的委屈與生活的艱苦，都是其次了。

雖然醫藥費有勞保，房租也暫時不用付，但生活費呢？我們都深深體會，經濟上依賴他人，也等於失去了自己，除了他人對自己會有權力之外，自己也會內疚、無力和無能感，無論如何，還是要有自己的工作。但我們能做什麼呢？因為台南距離C父母家車程一小時，我必須辭掉原來的補習班工作。不過，幾個月來的補習班教學經驗，我發現自己好像有點教書的天分，收入也能隨著自己的努力而漸增，感覺比之前朝九晚五的上班生活輕鬆自由，因此想了一兩週，覺得最快能經濟獨立的工作，就是幫學生補習功課維生。但我不想再去補習班找工作，我並不喜歡補習班的氛圍，不喜歡有老闆干預我的教學，也不想再向任何人解釋，為何已經讀到博士班還要去補習班教書。想來想去，自己在家裡收學生比較自由自在，唯一要克服的，是怎樣招生？怎樣留住學生？

但我有直覺，這是我能做到的。

一九九三年暑假，我們開始整理市場旁透天厝，在一樓與二樓分別整理出兩個小空間當作教室，二樓中間沒有窗戶的房間當臥房以及C換藥水的地方，購置簡單桌椅、黑板、教材，買了一台二手影印機，在門口掛上小招牌。之前在補習班教書四個月的薪水，剛好支付這些費用。家教班命名「大蘋果美語教室」，主打美語教學，我對英語比較有把握，C雖擅長數學理化，但他身體不好，也比較內向，不確定他是否能適應，就隨緣。

取名大蘋果，可能純粹就是廣告自我推銷，我用小體字註明師資是「留美博士候選人」，希望取得學生家長的信任，但或許也是我對紐約的不捨，Big Apple是紐約市的暱稱，潛意識裡應該是盼望有一天還能回校完成我的博士論文。

## 21 台南巷弄裡的家教班

我的直覺是對的，家教班順利讓我們經濟自立，不但能維持基本生活，也漸漸改善生活品質。

那時是暑假，國小要升國中，很多家長焦慮小孩英語會跟不上，我先開國中英語先修班，這些學生到了國中之後，大半都留下來，學生每個月都在增加中。我沒有花錢廣告，只用有顏色的紙印了一些開班資訊。剛開始很緊張害羞地分給左鄰右舍，也有點哀淒，想起自己好像曾在天空飛翔，在高山頂上與人論劍，切磋磨鍊絕世武功，如今卻困在小巷菜市場旁老舊的透天厝，幫小孩補習謀生，有種從高空的雲端，被打入市井俗世的悲涼。

那是一個鄰里關係很緊密的社區，沒有大樓，都是簡陋的透天厝。很多人都是住家兼店面經營小生意，人與人之間皆彼此熟識。我們正對面是家庭美容院，斜對面是傳統菜市場，早上是熱鬧的魚肉果菜買賣，下午就變身成各種小吃聚集的地方，我還記得我常吃鴨肉冬粉與鹹酥雞。附近鄰居小孩一個一個成為我的學生，因為每一次月考過後，當學生成績有明顯進步，他們的親戚朋友的小孩就紛紛從別的補習班轉來。

有好幾個國中學生，他們的英語成績經常是八科中成績最高的，因為英語快速進步，開始有了信心，而且也懂得讀書考試的方法，而帶動其他科目進步，我感覺到台南人不管經濟能力強或弱，都很重視小孩的學校教育。

剛開始收的學生，都是後段班被放棄的學生，慢慢才有程度比較好的學生進來，宣傳單才印一次，就沒有再印了，學生多數是口耳相傳而來。在讀書考試這一條路上，可能我已身經百戰，碩士與博士又剛好分別主修教育心理學以及發展心理學，我好像蠻擅長協助學生理解與記憶，訓練考試能力。雖然家教班主打英文課程，有些家長主動問我是否也幫忙補習數理化，C就負責數理課程，但受限於他的性格與體力，學生不多。

## 祈求「心安理得」的生活

家教班運作順利，讓我生活稍微喘一口氣，但那過程應該也是忙碌忐忑，因為一九九三夏搬入台南，直到一九九四年二月六日，半年多的時間，日記是空白的。在歲末農曆年前兩天我才寫了一篇日記，這篇日記幫我憶起許多已經忘記的過去，我寫說：

提筆寫點東西時，總習慣翻開前頁寫些什麼，這回我不禁莞爾一笑，上頁最後一句寫著：「今天終於下定決心，再度離開故鄉的大家庭，遠至他鄉，才能真正自我實現。」而這一停筆就是半年多，我也真正離家了，努力地終止自己對家的依賴，無論是物質上或精神上，先做一個獨立又肯定的自我，才能進一步其他層次的修行。

台南的半年生活，我總是懷著感恩的心。C與我都向前跨出一大步，我們都慢慢脫離對原來家庭的依賴與制約，也一步步超越俗世的價值，過著恬淡的生活。半年來，我也有許多的掙扎，如何定位自己從事補習教學？面對美國四年半的求學，如何與現在工作correlate（相關）？論文的草擬問題、寒假過後是否回美？掛慮C不穩定的身體、學生的成績，以及現實生存問題。甚至回家又得面對父母的質疑，畢竟我是未出嫁的女兒，在這社會裡，與未婚夫同居，對父母與我而言，都是壓力。我必須先自我解放，並得到他們的寬容與諒解。一連串的問題與矛盾掙扎，此起彼落，每步過程都心驚膽跳。而此刻我想感謝菩薩讓我一天比一天心安理得過日，求得安心是多麼不容易。

再過幾個小時，我們的新家具即將送來，這回是我們首次不太考慮價錢，僅依據喜好挑選，我們跟自己說，都是三十二歲的成人了，該自主了，當我在增購每樣家具時，或者度個奢侈的假，我都好感謝所有的學生以及這棟房子，讓我能一點一滴經營這個家，也感謝父母的栽培，使我有能力教書。

教了一年書，雖然是國中國小學生，我卻樂此不疲，第一次覺得生活是一個整體，思考不斷向前，情緒也不再被所謂工作／休息二分。以前上班代表一種責任，不得不的「工作」，每天都渴望假日的來臨，現在無論與學生一起或自己獨處或與C遊玩、吃飯、聊天、看電視都一樣，只要分佈均勻，都是生活。

再過兩天就是農曆年了，我感謝自己所擁有的一切，喜愛這樣心安理得的日子，只求菩薩給C一個健康的身體，我倆定彼此激勵，努力修行，期待福慧增長，回報佛法眾生。

呵呵，這一篇日記真有點像歲末感恩文！二十五年後，重讀了這篇日記，還蠻感動，再怎麼艱困悲傷，再怎麼冷酷無情的現實，都有美好的片刻與希望。C病發後我開始接觸佛教思想，並親身體驗禪宗的修行方法。而我決意買質感好，可以長久使用的家具，應該是打算在南部定居了。我也看到當時學習佛法與禪宗靜坐，在日子很難熬的時刻，總能給我一些救援。

家教班讓我們的生活暫時有了一線生機，紓緩了最基本的生存問題，但過了一個年，新來的一年，然後又一年，風雨仍頻繁，暗潮洶湧，我在日記裡兩次提到「心安理得」，為何我那麼在意「心安理得」，那意味著什麼呢？「心安理得」是建立在什麼樣的基礎上，能一直維持下去嗎？

# 22 看見自己對他人的壓迫

C的身體稍微穩定，一旦有感染或其他症狀，也有大醫院可依靠，雖然死亡的陰影總是低空盤旋，比起之前兩年，生活有品質些。但人生的挑戰一關又一關，由外而內，或由內而外，沒了沒完，就在這稍微穩定的時刻，其他的問題慢慢浮出。

兩人共同生活與剛談戀愛期間不太一樣，要熟悉溝通的不僅是兩個人而已，還得面對生存的各種問題。然而，彼此生活習慣、成長經驗、個性、社會適應方式都有許多的差異，不容易全盤接受另一方對事情的反應與日常生活作息，我們與多數伴侶一樣，不免會吵架，事實上，不滿從認識、約會開始就會發生，一次一次的深入溝通和解後，情感也越磨越深。只是，當C成為一個病人之後，很多時候我自動收回了吵架的權利，再怎麼樣，他都比我的狀況還糟糕，我的委屈比起他的大病，是小巫見大巫，不值一提。

我們剛開創家教班那段期間，要一起處理的事情很多，而且他還得面對脆弱的身體，更辛苦，但我也經常心力交瘁，無論身體與精神都日漸耗竭，在無情的現實壓力煎熬下，自然會冒氣冒煙，這時候對兩人的關係是相當大的考驗。

果真好景不長，上一篇歲末感恩日記的兩週後，我又寫了一篇，這篇日記除了人名之外，我想一字不漏地打下來，因為之後半年，再也沒有寫下半個字了。一九九四年二月十九日，剛過完年不久，我寫說：

過完年了，一個傳統又平靜的年，除了休息仍是休息，過年前的疲累，總想在幾天的假期好好補充體力，期待新的一年能有嶄新的自我，好好過日。

才回台南一個禮拜（我回父母家過年），已覺得累，也許寒假課較多，下週又有新班，又面臨開學，招生，教材準備，教室布置，還有許多瑣碎事，弄得日子有點亂。C身體仍虛弱，每日約需十二小時睡眠，加上每隔四小時腹腔要換藥水，實際上能一起討論或工作的時間實在不多，一些事總一天拖一天，有時想在工作上好好衝刺，但C的身體不穩，令我相當沒安全感。過年前一週，肝功能減弱，又有腹膜炎現象，我好緊張，卻又無人可分擔我的憂慮。

後來病情穩定之際，兩人居然大吵一架，我怪他每一遇到挫折，就blame on me（怪罪我，都是我的錯），我總是得為他的不如意負擔責任。他生病是因為病發前一個月，我情緒不穩定常罵他；理化學生這回期末考成績皆差，是因為我常逼學生讀英語；肚子餓了受不了發脾氣或胃痛，也怪我，因為我肚子不餓，不想吃東西；有腹膜炎跡象，又說我沒戴口罩。無論事情如何複雜，歸咎於我，是最易心安的。每當此刻，我總是心碎地想離開他，如果在一起只帶給對方不幸，那這樣子的惡緣是不該繼續的。

日子時好時壞，兩人如今雖已和好，吵架的傷痕仍是刻骨銘心，很心寒，我仍然很努力在佈置台南這個家，而每當我付出一份心力，不禁也問自己，兩人相依的日子能維持多久……

此刻是深夜兩點，C已呼呼大睡，我仍在XX（C妹）房間，剛剛日記寫了一半，心情越來越沉重，其實這樣的心情已經持續多日，尤其過年後雨一直下不停，濕冷陰暗的天氣，更是透不過氣。方才停筆了，開始讀牛頓出版的《禪入門》，一句話卻解開了我的結：

慧可問達摩說：「我雖精進地坐禪，可是不能安心，請問要怎樣才能安心呢？」

達摩答：「心裡不安嗎？」

慧可：「是的，我盡了各種辦法，心裡還是不安。」

達摩：「那麼把不安的心拿給我，這樣一來就可以安心了。」

慧可：「可是我沒法抓住心，把它交給您啊！」

達摩：「既然心是抓不住，摸不著的，所以也無心可安。」

讀到此，我心一陣通暢，常常求安心過日，求自在，原來是自擾之。記得一人住在Edison時，電話傳來C病情惡化的消息，加上當時惡劣的氣候，繁重的課業，以及一人獨住的恐懼，讓我幾乎崩潰。當天在拜佛時，念了一段懺悔文，當念到「心若滅時罪亦亡」，其實當時的我，心幾乎已碎了，念到此句時，瞬間豁然開朗，才又平靜地度過一段日子，但不知這回能安心多久。……

將這篇一九九四年初的手寫長日記打入電腦，打字到最後，覺得呼吸越來越困難，努力深呼吸也覺得吸不到，那種窒息、慌、紊亂感又逐漸侵入，只好離開電腦，一整天再也沒有回到書桌前。

掀開這些塵封的往事不易，現實生活仍在運轉，要工作，要處理一件又一件問題，人活著，就會有源源不斷的問題滋生，這樣靠近自己，靠近沉重的過去，整個人很輕易就被拉回過去時空，在時間上其實是很奢侈的。多次想要算了，再一次封存吧，但一次又一次，在清晨，在深夜，一找到空隙，還是回到這個檔案來。

這回讀到C怪我情緒不穩定導致他生病，我仍然過不去，仍心痛難受，覺得他一遇到挫折，就怪罪於我，那我呢？是不是如他所言，情緒不穩定而導致他生病？我是好人還是壞人？他又是誰？是怎樣的一個人？這一刻，我的心又亂糟糟糾葛一團，很沮喪。我們感情再怎麼好，也是與多數伴侶一樣，會吵架，會讓對方傷心。佛法要我們「將心滅」，一念之間可以「無心」，融化一切精神上的痛苦，雖然我偶爾能經驗到這樣的意境，但大部分時間是不能的，只能趕快轉移，去做其他事，讓忙碌覆蓋、澆熄沸騰的心。

## 書寫，陪我度過風雨的暗黑

寫這些往事時，我努力克制自己不要去評論他，這是不公平的，因為他再也不能讀到，無法反駁。此外，從我所學所看以及自己親身體驗，**將苦難歸咎於任何人，強化自己受害的位置，對自己生命的轉化或苦難的解除根本沒什麼幫助**，我只能盡可能地將焦點回到自己，看清楚自己，療癒自己，這是我自己的功課。

在讀研究所的時候，修了不少關於人格發展的課程，也是我博士資格考的科目之一，有很多反思的機會。我已慢慢意識到自己性情偏向反應尺度大的類型，喜怒哀樂強烈形於色，尤其覺得自己是對的，是有理的一方，或者是受害者的時候，反應更強烈。性情（temperament）有很大的部分是生下來就具有的，不太容易改變，但我自己一直很少意識到我的強烈情緒會造成他人的壓力、焦慮，甚至傷害。直到最近幾年決心研究自己，注意與自己的關係，才慢慢察覺這樣強烈易感的性格，不但會傷自己，也會傷他人，清楚看見自己在某些情境下，會忍不住說出自己的想法而刺傷人，好像一**旦覺得自己是有道理的，就允許自己咄咄逼人毫不手軟，完全沒自覺自己對他人的壓迫**。我開始為自己的浮躁激動以及理直氣壯感到抱歉與慚愧，尤其後來發現我不一定是絕對有理的一方。

之前，當他人指控我傷害他們時，我總很受傷，因我無意傷人，甚至有時是因為與這人比較親密了才勇於說出真話，結果反而弄巧成拙，讓我覺得既無辜又無力。我只是辯駁進一步申論我的想法，說真心話，不懂這為何會傷人，覺得這樣的指控是扭曲我，對我也是一種攻擊或壓迫，在這種情況下，我通常會選擇結束關係。

然而，即使是關係結束，後勁力並不會輕易消失，除了受傷，也會自我懷疑也會有內疚感。不被別人喜歡，甚至被指控為加害者時，自己也可能隨之否定自己，討厭自己。**在我們還沒有完全個體化之前，自我價值感經常建立在人際關係上，特別是與我們親密的人**，我也不例外。我現在知道自己真的會傷人，即使不是故意的，也是傷了，而且即使我想澄清或改變什麼，我的強烈反應態度也於事無補。當不覺得對方在扭曲我，看見對方是有理時，就覺得向對方道歉沒有那麼困難，事情也會雲淡風輕，反而比較不受傷了。

我對自己的認識是非常緩慢的，尤其看見自己不完全是弱勢、是受害者，而是強勢、甚至是攻擊者這個面向，這種對自己細微的體會覺察多數來自每天習慣性的書寫。

禪宗的方法比較神速達到一種悟境，無論「心滅」或「無我」之修練方法，情緒有時得以快速切割或散去，但總無法連根拔除，一離開方法，離開修行情境，「心」很快再度回到之前的樣子。心滅幾乎不可能，身體在，心就跟著浮動，可以一時擱置轉念，但總會再度起心動念。

打坐與讀書都僅能暫時化解情緒烏雲，但烏雲永遠在，不時就悄悄飄來。**烏雲風雨黑夜永遠是宇宙生態的一部分，與其排除抗拒，不如準備好可以躲雨之處，在黑夜裡有安心的藏身之地，或許更重要**。透過一字一字的書寫，盡可能誠實地正視自己，慢慢走入自身黑暗深處，讓我比較能忍受不可避免的風雨暗夜。

# 23 終於與C完成婚禮

在台南居住近一年後，家教班穩定成長，逐漸有些積蓄，我們開始改善居住環境，將沉重的傳統手拉鐵門，換成電動鐵門，買了床組以及一組可以坐六人的胡桃木餐桌椅。

透天厝的廚房是加蓋的鐵皮屋，白天悶熱，幾乎不太能使用。此刻，我很努力地回想，住在菜市場旁那一兩年，我三餐都吃些什麼？竟然完全沒有印象。或者那廚房究竟有沒有瓦斯爐，也不記得，只記得每天晚上九點多，學生全部離開的時候，我們都又累又餓，就會討論要吃點什麼，然後去附近小吃店買宵夜回來在廚房吃，那大概是一天中最放鬆的一刻。

寫家教班與買家具這些往事，我總是猶豫不決要用「我們」或是「我」。C雖然也參與，但很多事情我好像是一人撐著，也一人決定了許多事。人工透析是絕對不能完全取代腎功能的，而且每個人因應危機的態度能力都不同。C總是很快就疲累，體力不支，而且在這期間也幾度腹腔有細菌滲透在藥水裡而感染了腹膜炎，在半夜裡慌張地到醫院急診室治療。身體的不舒服會影響精神狀態，身弱心就弱，我們之間的關係也在變化中。

我想與C一起創業，一起組家庭，但越來越覺得自己像是個照顧者，表面上我努力地創造一般人的生活，但內心裡知道這一切都是脆弱無常，隨時會垮掉。他正慢慢離我而去，我對未來是悲觀沒有希望感的，但這些都不可說，也無人能說，死亡自始至終都是禁忌，無人公開談。

越是靜下來觀看自己，越看見自己的複雜深不可測，經歷了那麼多事，接觸過很多人，也讀了不少書，我無法歸類或簡單化約我是怎樣的一個人。雖然不顧父母擔憂與貶抑，任性地陪著C慢慢適應「洗腎」的生活，但是，我應該也內化了一部分父母的傳統思想，或者難以承受他人的眼光，在沒有婚姻狀態，與C同居的不安總是會在某些時刻竄出。

在美國讀書天高皇帝遠，家鄉的社會規範，父母家人影響力比較小。然而，住在傳統保守的台南，與傳統價值規範就直球對決了。除了家庭壓力，學生與家長經常會問我與C的關係是什麼，我總是不知如何回答。

此外，住在台南越久，回到父母家越不自在，仍強烈感受到來自父母的壓力。記得我爸總生氣地催促我，為何不回紐約讀完博士學位，但我卻一個學期又一個學期拖延，我也一天一天擔心修業年限的逼近，但就是走不開；也因此，越來越不想回家面對父母，也越來越孤單，覺得未來的人生只能自己承擔。

## 報名參加集體佛教婚禮

兩邊都不被認可的我，感覺自己是社會邊緣人，一旦生活暫時處在平穩的狀態時，我與C之間一再延後的婚禮是否要完成，這可怕的問題就會自然地再度冒出。婚禮對我而言，已經成為巨大創傷，至今我仍有婚禮恐懼。與C的婚約一波三折，已經訂婚六年，我們還是在一起，就覺得該結婚了，結婚似乎才能在傳統保守的社會立足。後來發現法鼓山要舉辦第一屆集體佛教婚禮，由聖嚴法師親自主持，因為我們在紐約的東初禪寺皈依，很感念聖嚴法師，就決定報名參加，某種程度也是宣示結婚是我們兩人的事，也想避免雙方父母再度因為婚禮而不愉快。在莊嚴權威的宗教儀式與強大的集體力量下，我們果然順利完成婚禮。

C那天很疲累，完成冗長的婚禮儀式很辛苦，我很緊張他換藥時間拉距太長，隨時會體力不支昏倒，沒有任何當新娘的喜悅，雙方父母家人都來幫忙，在台北農禪寺一完成婚禮就回飯店休息換藥水，C已經累垮，晚上我們兩人在飯店房間吃飯，沒有與家人一起聚餐。婚禮過程，我爸媽完全沒有一絲笑容，他們也不宴客，我是他們五個小孩中，唯一結婚沒有公開宴客的，心裡一直覺得對不起他們，讓他們為我擔憂。

大嫂明白指出，明明是火坑，為何還要往前跳？大姊也嚴肅地說，結婚以後，就都得靠自己了，家人已經不能再做些什麼。

我知道家人都擔心我，事實上，我也並非天真無知，對於未來也是憂心忡忡、恐懼害怕，對於婚姻、對於愛情，已經沒有什麼希望感，我想像的婚姻，我理想的愛情，不是這樣子的。決定結婚那段期間，我惡夢連連，日記用英文記錄了一個非常恐怖的惡夢，夢到家人罹患重病與死亡，我怕到不敢用中文寫，當時我尚未遇到Bill，未正式學夢，對夢的認識還不深，只覺得這婚姻似乎是不被祝福，而女性結婚又象徵著與原生家庭的斷離，讓我更害怕。但我覺得做人要講義氣，重情意，而重點是，我也不捨離去。

## 24 成了家，但是立業呢？

面對了結婚問題之後，又有一個重要問題浮出，就是住的問題。我們一直住在透天厝二樓中間房間，只有一個面對樓梯的小窗戶，沒有真正對外的窗戶，除了沒有陽光，空氣也不流通之外，只要家教學生有人感冒，C就很容易被傳染，房子進出的人多，換藥水的風險也變高，他多次腹膜炎半夜掛急診，日子仍是戰戰兢兢，難以放鬆，他需要一個獨立無病毒細菌的換藥空間。

居住品質當然一開始就知道不夠好，但這是很大的支出，也只能等到有經濟能力，才能改變。我們到處看了房子一段時間，因為他的藥水需求量很大，每箱十公斤，每個月需要四十箱左右，搬運一定要有電梯或是有一樓空間可置放，在家教班附近很難租到價錢合宜又適合他特殊狀況的房子。

他媽媽釋出善意要我們去看房子，C的理解是母親要出資，但是買房過程曲折煎熬。我們花了一些時間，看了不少房子，發現離家教班不遠，有一個正在興建預售的雙併別墅社區，每棟價錢大概八九百萬不等，我們看中其中的一間，就帶媽媽去看，但她非常生氣地說：「看這個要幹什麼？」立刻一口否決。後來她陸續找了一些房子要我去看，但多數都偏遠，離醫院以及家教班得開車半小時。比較了她找的房子價錢之後，C對母親了解甚深，大概就明白，這一切都是錢的因素在背後左右，但都不直說。

C雖不信任母親，但從沒對母親明說，與父母家人之間都保持和睦關係。他是大哥，是長子，只能背後喃喃，再多的委屈受傷不滿，我都沒有看過他對家人口出惡言，一切都忍住不說。但是，事情不說清楚，也可能造成更多的曲解，因壓抑而付出的代價也不小。

C脆弱的身體無法一再感染，我很想儘速解決住的問題。一旦確定是對錢的焦慮在背後主導之後，就覺得比較容易解決。我向C提議，如果我們與父母各付一半，是否會有機會買下那房子？我算一算積蓄以及當時每月家教班的收入，除了可以付頭期款之外，未來應該可以負擔每月五萬元的貸款，只是我必須再延後回紐約完成論文的時間。但是，那個時候，C的生命存活當然比我的博士論文重要，我沒有很多選擇，我媽媽教我的價值觀就是這樣，人的生命比什麼外在的面子、物質、或其他欲望都重要。

## 買房的挑戰和折衝

一九九五年，剛好是台灣房價起飛的年代，房價幾乎週週漲，成大醫院附近新蓋的大樓公寓，三房兩廳也是開價五六百萬，未來還得付管理費，仔細比價考慮之後，還是覺得附近新蓋的透天社區比較划算，而且比較有隱私，方便透析藥水的運送，左鄰右舍不會知道C的身體狀況。我也查了多本的風水書對照房子方位以及C的八字命盤，那房子非常適合C，但不適合我。

自從美國的搬家先生與我分享了他多年來的親身觀察經驗之後，我不敢大意，陸陸續續買了十幾本關於風水的書研讀，覺得風水與發展心理學強調後天環境對人影響的重要性是相通的，不是迷信。空間格局、動線、氣流、周圍環境聲音、視野對人的身心靈發展是關鍵要素，但每個人的體質與氣質不同，需要的光線、空間方位、濕氣、景觀、隱私安靜度等也都不同。我顧慮他身體虛弱，隨時有生命的風險，更需要住在完全適合他的房子，就不考慮這棟房子是否適合我，決定以他為主。

C無力面對經濟問題，也不知道怎樣與母親溝通，就讓我直接與他母親討論。後來我與C母在廚房裡，隔著新買的餐桌面對面坐下來談，他與父親都沒參與，記得他父親到廚房探頭看我們一眼就離開。他媽媽似乎很意外驚喜我們能承擔一半的房價，很快就達成協議，兩個女人在廚房的短暫單獨對話，房子問題就圓滿解決了。

我很難得看見他母親露出放鬆的笑容，此刻憶起這一幕，我似乎第一次感覺到她肩膀所承載的重量。

我們立刻一起再去看之前中意的雙併別墅社區的房子，她也是喜歡的，而且儘速慎重地請命理師來看，也是說這房子非常適合C，不到一週，就簽約買房。但經過了三個多月，房價又漲了六十萬，最後是以一千萬買下大家都滿意的房子。

雖然我豪爽承諾要分擔一半的房價，但心裡其實是焦慮忐忑的，也有某種程度自我犧牲的壯烈。仍放不下學業，而博士學業是有修業年限的，為了最後一絲希望，得更努力賺錢。當房子快蓋好，要搬入前兩週，我的焦慮到頂點，一九九五年六月二十八日清晨兩點，我無法入睡，在日記上寫說：

此刻心情很緊張，睡不著，心跳快速，無法停止。打坐？已經很久沒打坐了，不確定是否有用。

七月十一日要搬入新屋，事情很多，但讓我焦慮的原因可能不是事，而是擔心錢不夠用。家具預算增多，貸款就會拖越久，實在不願讓錢控制我的生活。

暑假了，學生流動率大，新學生讓我緊張，舊學生離開也讓我沮喪。學生少，信心備受打擊，亦有收入減少壓力，學生多，又擔心無法保持承諾，畢竟還是想回美國唸書。

這就是矛盾，也是痛苦的根源，想安定又怕安定，難道讀完博士，我的心就能安定嗎？我不知道，讀博士並不是我年少時的夢想啊！為什麼現在卻又變得這麼重要？如何才能活得優遊自在呢？不覺得取得博士學位就可以優遊自在，那應該是一種修養，一種能捨的心吧。

半夜睡不著，寫日記總是可以紓解一點焦慮。二十多年後的此刻，覺得很慶幸當年寫下一些生活點滴，讓我能比較清楚完整看見那時候的自己。

結婚那年，我三十三歲，已經休學兩年，家教班繼續成長中，沒有請老師，也沒有很積極招生，空間仍簡陋窄小，但收入已經是當時一般大學畢業生平均薪資的三四倍。我與C婚後不久，我爸曾與媽媽帶著家人開兩部車到台南看我，他樓上樓下快速走一圈打量家教班的空間，然後嚴肅地對我說，這間房子可以翻修重蓋，增加教室，請老師來教，要做就好好做。父親白手起家，我感覺到他已經接受了我結婚的事實，要提供經濟援助給我，我也覺得我有能力教書，也有能力擴大經營成為大型的補習班，未來收入絕對不會比當大學教授差，因為父親的成功示範，我也一直有自己創業的興趣與信心，但為學生補習學校功課提高成績似乎不是我的志業。

## 想要追尋自己的「主體性」

我有努力讓家教補習工作不要僅是為了謀生，也想創造一點意義感。在與學生互動的當下，盡可能讓他們能有趣味地學會一個新的單字，一個句子，一個文法規則，讓學生覺得能與一個新的語言溝通是樂趣也是力量。我也會買些課外書放在一樓辦公室的雜誌架上讓學生與家長借閱，讀書不應該只是為了考試。只是，教科書內容是學校考試的重點，還是無可避免地重複講述，反覆訓練學生作答強化記憶，做久了慢慢就覺得無聊。**一件事情無聊了，還是勉強繼續做，大概就是自我工具化的開始。**

另一方面，我仍放不下學術，放不下對知的渴望。我沒有想到我能適應美國研究所，喜歡在圖書館讀書寫報告的感覺，喜歡與人談學問，探索未知，過了幾年的研究生生活後，我開始憧憬不斷求知的學者生活。因此，當家教班工作的重複性越來越高，即使工作越來越輕鬆順手，但在智識上的成長相對稀薄，更確定這終究並非我想要的生涯。

我從中學時代開始，就期許自己，不要只是為了賺錢而工作，不要為了賺錢而讀書，努力選有興趣的大學科系就讀，工作不喜歡了，就想辦法換別的工作。工作與讀書應該也是自己的興趣，是活生生的，不僅是營生的工具。我想，**我最終要努力的，就是不要讓自己的存在，我的所作所為，僅是為了完成某種目標，成為他人的工具或社會價值與意識形態的工具，或者，是自己欲望與恐懼的工具，希望自己能有主體性、有活力地活著。**

但天曉得有主體性地存在是多麼不容易達到的境界，在自我與他者之間，有太多的拉扯拔河，甚至有時以為是做自己，是隨著自己意志而行動，但仔細探照，還是可以發現那背後仍有操弄者，有某種程度的勉強與壓迫，並非真正的自由自主。結婚買房都是巨大的承諾，是對C堅定的支持，某種程度是自願的，但背後裡也有著無奈，也有一個委屈受苦的心靈在吶喊，有不同的價值與想望在拉扯，無法真正地安住。**我有好多個自己，各有不同的份量，隨著時間與情境變化，彼此消長，而且有一部分的自己是無法意識到的，必須很用心努力，以及有特殊的機緣，才能與他們相逢，才能真正理解看見，而一旦相逢相認了，人生可能又要大轉彎。**

# 25 短暫的幸福時光

經歷過可怕的悲劇，對任何事情都不太敢強求了，結婚除了解除家人對我尚未結婚就與人同居的焦慮之外，我其實也想要生養小孩。我主修人的發展，對於生命的孕育發展，充滿好奇與敬意，與多數人一樣，盼望有自己的小孩，渴望與小孩之間的親密關係，想要建立一個小家庭。也許潛意識裡，我以為有了孩子，生命有延續感，而且與大家一樣結婚生子過類似的生活，好像就不孤單了，也會比較不害怕年老與死亡。

一九九五年七月十一日，婚後快一年，我們住進新買的房子。一樓面對馬路，除了當車庫外，隔出一間換藥室與儲藏藥水的空間，二樓大門面對中庭花園，廚房、餐廳、客廳三個空間相連沒隔間，因為二樓客廳有挑高，三樓僅有一間有衛浴的套房，是C父母的空間，外面的小客廳剛好放C小時候彈的鋼琴，四樓兩個房間，我與C前後各一間，頂樓是露台以及洗衣空間，還有一個預設供奉祖先的開放空間，我將它鋪了日式榻榻米，買了一張很喜歡的合室桌，蒲團，以及一個矮書櫃，收放關於佛法、禪修、以及修行方面的書籍，成為一間可以打坐拜佛讀經的禪室，冬天與夜晚不熱的時候，也可以當書房。

買了房子之後，要回紐約復學至少還要等一兩年，才能紓緩房貸壓力。我們全心全力佈置新家，與C努力北上南下採購家具，種植各種植物，他喜歡稀有少見的植物，我要求不高，庭院只要植物生命力旺盛以及花團錦簇的喜氣就好，像色彩多變的矮牽牛、葉片茂盛的海棠、鮮豔大朵的印度天葵、改良品種的日日春、優雅亮眼的仙客來等。

不過，C覺得這些植物到處都是，有點俗氣，沒有個性。頂樓露台陽光強，慢慢蒐集種植不同品種的玫瑰花，這部分兩人有共識，都被大型的玫瑰花以及特殊的香氣吸引。我們開始在台南有了一小段安定美好時光，給出這麼大的承諾要分擔買房費用，也許一部分的我已經漸漸放棄回紐約了。

好的空間能換取時間，也能創造比較好的人際關係。住在新家之後，感覺生活注入了一些活水，而且與上班工作的地方有些距離，能隔離工作，有隱私，比較能充分休息。C身體穩定許多，腹膜炎與感冒的頻率減少了，他父親正好升任銀行經理而調到高雄工作，台南與新任職的單位比較近，因此新房一蓋好，他就立刻搬來與我們同住，母親仍在原單位上班，只有在週末時會來。C的父親是位非常獨立、良善、不多話的長輩，每個月會給C一百張的百元新鈔當家用，一直住在那房子到退休終老。

我們三人有不同生活作息，C晚睡晚起，父親一早出門上班，家教班下午一點半才開始，因此每天清晨我常能一人獨享二樓空間，在大餐桌上讀書寫日記聽音樂，夜晚也會到頂樓禪房打坐讀書，一天中，總有些寧靜的美好時光。後院一小塊庭院以及頂樓的植物越來越茂盛，植物雖然安靜不動，但每天一點點成長變化，就能感覺到身邊有活生生的生命在陪著，無論住在哪，我都會想辦法養一點花草。C逐漸恢復活力，新房生機盎然。農曆年，C的全家人就決定在新家吃年夜飯，我在農曆年初的日記寫說：

過完年了，是一個充滿感恩的年。

在新房吃年夜飯，親手料理一家人的除夕餐，我手腳雖慌亂，但小姑與弟妹都鼎力相助，總算六點三十分能開飯，看著一家人在我與C的新屋圍著一餐桌的菜，怎樣也吃不完，我心裡很踏實，也感謝天地，與C有這樣的生活，真是不容易啊！

從清掃到採購年貨，足足忙了三星期，學媽媽認認真真過個年，冰箱儲滿食物，到處窗明几淨，又插了三組花，分別代表「一元復始」、「萬象更新」、及「步步高昇」。與C有默契似的，在吃年夜飯時，總說一堆好聽的話，我們是太珍惜目前的平安生活，過了一個好年，但願過去的夢魘都能隨風而去。

我一度覺得我有了美麗的家，人生就停留在這一刻多好，不必再獨自一人飄洋過海，到地球的另一端求學，C的腎功能奇蹟地復原，我們可以像所有的年輕男女一樣，生養小孩，穩定過生活。

但這個多數人都能實現的夢想，並不屬於我。

# 26 留美博士候選人成了研究助理！

居住問題解決之後，並沒有興奮喜悅太久，這時候，才終於有餘力面對工作生涯問題，原來我們對學術，對自己曾全力投入的專業都無法忘情。C不像我比較適應家教班教學工作，他對自己主修投入已久的專業領域也不捨放棄，等身體穩定之後，開始投自傳履歷尋找與所學相關的工作。

幾個月後，我們分別到成功大學當兼職研究助理，想逐漸與學術接軌。由於兩人都沒有在台灣讀研究所，與台灣的大學教授或學術界非常疏遠，沒有任何關係連結，只能從研究助理開始。但很快就聽到學校傳出耳語，說有留美博士候選人來當研究助理，好像是個大新聞。當時，周圍的人大都不知道C的身體狀況，家教班學生的家長也不知，我們無法說什麼，默默承受社會異樣的眼光。

我的第一個國科會研究助理工作，與我研究所主修領域並無相關，僅是協助教授翻譯書，確定錄取的隔日，一九九六年三月一日的日記我寫說：

昨早接了研究助理工作，下午C回來告訴我說，醫學院有傳言，某博士當研究助理。傳言真可怕，我聽了百味雜陳。

每當我經過紅磚的大學路，就告訴自己，有一天要在這學校教書，享受大學路的樹蔭、紅磚、以及清涼的麥當勞。如今有一份工作，再度走入校園，走入系館，看到圖書館、教室、以及一間間的研究室，我心是激動的。這雖不是我之前讀過的學校，但卻是我久別的大學。啊！三年前離開紐約大學是多麼的不捨，也沒把握能再碰觸大學的一切。

冬天裡飄著雨，在台南是稀有的，而第一次到成大應試，卻是微風細雨的冬末，是不是春天已近，這細雨是來滋潤乾渴的學術心靈？儘管被人嘲笑，留美博士候選人還當研究助理，但一個異鄉女子，定居台南，與先生營造家園，沒有任何背景，這是台南唯一能提供給我的工作機會，I should do it! And do my best，是心安，也感恩！

讀這段日記，讓我再一次觸動的是，我如此喜歡在大學裡讀書生活，也嚮往有一天在大學裡教書。神奇的是，我此刻任職的大學校址也是「大學路」，路兩旁的人行道也是紅磚路，雖然不是成功大學。我想，當年天地諸佛菩薩是否聽到了我的發願，助我至今，或者，人的願力本身會產生不可思議的力量。

那段期間，錢是顯性問題，除了可觀的房子預付款之外，還有許多家具要採購，我們兩年的補習教學積蓄差不多清空，交屋之後，我與C還需負擔大約三百萬。C的母親是銀行襄理，擅長處理財務問題，先與建設公司結清，之後我們每月分期付給她五萬。我估算，家教班至少必須繼續經營一兩年，房貸的壓力才會稍微減緩。我已休學三年，感覺與學校越離越遠，擔心自己慢慢失去能力與勇氣回美國完成學業，因此白天到成功大學擔任國科會專任研究助理工作，希望能慢慢重新接軌，恢復學術敏感度，拉近與論文之間的距離，因為翻譯，英文程度也會進步，也多了一筆收入。

## 日夜工作體力不支

不過這樣一來，我原本清晨獨處的美好時光也被剝奪了，每天從早上八點工作到晚上九點半，工作的時間非常長，而且學術界的壓力是綿延不斷的，工作沒有真正完成的時候，永遠有改善的空間，疲累不堪。果然，之後半年日記一個字也沒寫，直到第一份研究助理工作結束，下一份專任研究助理工作之前，才在八月底寫了一篇日記。

一九九六年暑假，幸運地在成大醫學院找到與我的主修相關的專任研究助理工作，那是成大醫學院與美國耶魯大學兒童發展中心合作的大型研究計畫，檢測產後憂鬱症母親對嬰兒發展的影響，我的主要工作是在實驗室裡測量嬰幼兒的性情，智力發展、以及與母親的依附關係。這份工作對我很有吸引力，但也很焦慮，因為之前的翻譯可以在家工作，時間比較有彈性，但這回完全像上班族一樣，得綁在實驗室，晚上又要上家教班到九點多，我在壓榨自己的身體。果然沒幾個月後，體力不支，再度重感冒，病了一段時間，幸好有一位留學法國的心理學博士生也在找實驗室，正好可以分一半工作給他。

我經常掙扎要不要放棄博士學業，當時要負擔經濟，要時時擔憂C的身體狀況，又無法放下學業，實在太累了。舉棋不定的期間，曾經對老天爺說，如果生了小孩，就放棄學術不回紐約，徹底認命，專心養小孩經營補習班。

但我們終究還是沒有小孩，可能我與C的身體狀況都不好，但兩人也從沒有為了生小孩看醫生，一切都隨緣，當時真的沒有力氣去強求什麼，也許我們要讓自己好好活著都很艱難了，沒有能力創造新生命，也沒多餘的能量為另一個生命負起教養責任。

# C 27 找到專職工作

住進新家後隔年，C先在成大醫院找到兼任的研究助理，之後，週日又到嘉義某專攻考研究所的補習班教他主修的專業科目，很努力嘗試各種生涯的可能，一九九六年底，終於在家附近一家大醫院找到正職的醫檢師工作。

C大學一畢業，就考到醫檢師證照，但從來不認為自己會從事醫檢工作，會用到這張證照，覺得這工作完全依賴機器做判斷，不太需要用到大腦，也不需要太深的專業，沒有什麼挑戰。他想知道更多醫學與生命相關知識，完全沒料想到身體無法跟著他的大腦去探索宇宙奧秘。腎臟失去功能四年多以來，或許他已經深刻體會經濟獨立的重要性，他接受了自己是醫檢師，而且醫院完全知道他的身體狀態，仍願意聘用他，有碩士加給，他覺得公平感恩。

在他上班的前一天，我寫了三頁日記，那一年真是太忙了，總共就只有手寫六篇。一九九六年十二月十五日，有一段日記寫說：

C有了正式工作了，這可能是我們回國以來最大的喜訊。明天他就要到XX醫院上班了，從他獲得這份工作開始至今一個月，我們的心情都還在激動中。C第一次主動去提款機領錢請我吃飯、喝咖啡，雖然一星期後又變小氣了。想想我們真是一對平凡可憐的夫妻，先生應徵到得一份普通fair的工作，就讓我們欣喜萬分。除了我之外，大概是沒人能分享C的感覺的。當我把喜悅分享給朋友，他們只是禮貌地笑：「那很好」，告訴婆婆，婆婆一臉憂愁說：「為何不待在成大？別高興太早，人家不一定要你。」好像只有我的家人替我高興，二姊和媽都說：「你們一定真歡喜！」是啊！我不只歡喜，有某種程度的完成與解脫。C從他的痛苦挫折中站起，他努力那麼久，總算求得一個公平的機會。

而我呢？幾年來大半心思在他身上，這幾年不是「無怨無悔」，而是「有怨無悔」，不過沉潛多年，在三十歲左右面對這般慘痛的生命經驗，所有的怨，包括兒時過往歲月的怨，也一點一點稀釋了。

兩個禮拜來，暫時將論文擺一邊，讀完《聖境預言書》、《紙牌秘密》、以及正在讀村上春樹的《舞舞舞》，整理夏天的衣服，丟了一些舊衣，感謝觀世音、諸佛菩薩，讓我們在此安身立命，如果未來有能力，我發願要do something good for the society。

讀到日記誠實地寫出自己是「有怨」的，但「無悔」，我還蠻佩服自己的誠實，至今仍然不後悔當時的一切決定，不過生活的確過得很辛苦，有些時候甚至覺得委屈不滿，這也是事實。

C有了穩定工作，生活有了重心，家也多了一份收入，理性上，我們都很歡喜，但是他的身體狀況要適應一份全職的工作並不容易，工作一段時間之後，我開始擔憂。

## 有工作、沒工作，都是交出自己！

腹膜透析最好能定時每天換四至五次藥水，他中午休息時間，無論颳風下雨，都得從醫院回家換藥水，下班後到睡前要換兩次，也無法很早睡。每次從醫院上班回來時，多數是過了換藥時間，臉色常常相當鐵青灰暗。有時我煮好晚餐等他，他連吃飯的力氣都沒，就直接上樓睡覺，這工作耗盡他全部的精力，他也常說，他是拖著命去上班的。

每次聽到他說拖命上班，我心裡就很刺痛，也很恐懼，努力了這麼久，就是希望他能過他想過的生活，珍惜生命，好好活著。曾多次勸他放棄，我可以繼續家教班，但他說：「沒有工作就沒有尊嚴」。我無法反駁，我自己也相當害怕沒有工作，害怕依賴他人，**無論依賴再怎麼親的人，都得交出某部分的自己**，被依賴的人其實負擔也很大，難免會有不舒服的臉色。成為他人的負擔，或是看人臉色，被他者控制，這都不是我們想要過的生活，寧願賣命求學工作，用生命換尊嚴。

C逐漸得到部門主管的倚重，整個檢驗部門似乎也看重他在國外留學的經驗，有研究的企圖心，希望他能帶著其他檢驗師進行研究，參加研討會，發表論文。同事想繼續進修插班大學或研究所，他也幫忙補習考試科目。他對工作相當投入，慢慢在這家醫院找到歸屬感與工作意義感，下班回到家通常六、七點。由於每天換藥水時間需要兩三小時，加上疲累的身體需要大量睡眠，我們之間幾乎沒有相處的時間。

有了穩定的工作，表面上好像一切都正常，然而我每天看著他疲憊的身體，日復一日的循環，覺得死亡陰影正快速逼近，相當害怕那一天的到來。或許對死亡的恐懼，即使大家心情都很沉重，但總是保持沉默，不說不談不提，努力地一天過一天，安靜地用自己的方式繼續活下去。我總有透不過氣來的感覺，覺得是該回紐約完成學業的時候了。

# 28 重返紐約大學

存好了一些出國讀書的費用以及一筆房貸準備金，我辭掉成大的研究助理工作，結束家教班，終於在一九九七年秋天飛回紐約繼續博士班學業，因為休學已快五年，博班修業年限僅有十年，我只剩兩三年，時間已經很緊迫。

復學過程很艱辛，離別難，啟動新生活也難。要結束四整年的家教班很感傷，好多位學生是第一學期就來了，看著他們成長，有感情，放下他們很難受。而要離開一手打造的舒適新家，離開C到地球的另一端更不容易，即使那個時候，我們之間有一些潛藏問題，但他仍是與我最靠近親密的人，我們相互依賴，可以深聊，分離讓我很焦慮。

而當時我也領養一隻狗，才剛滿一歲，牠是小型西施犬，長毛、眼睛很大，扁平黑色鼻子，嘴巴看起小小優雅地隱藏著，但張開時卻可以輕易咬住大塊雞腿。出生一兩個月的時候，全身毛髮綿密蓬鬆柔軟，滿臉也都是毛髮，像一朵盛開的菊花，相當可愛，所以學名叫做菊花犬。牠媽媽叫「球球」，飼主是我家教班的學生，「球球」常跟著一起來上課，友善親暱的與人互動一下子之後，就很放鬆地趴在椅子上安靜休息，有時大眼睛烏溜溜看著我，覺得牠好像也一起在聽我上課，完全不吵不躁動。我太欣賞牠的優雅外型與淡定的性情，幾乎一見鍾情，被牠吸引，就衝動地跟學生說，如果球球有生小babies，請讓我領養一隻，我知道狗是多胞胎，沒想到幾個月後學生家長真的讓球球懷孕了。

我既興奮又焦慮，一度非常掙扎，擔心沒有能力沒有時間養毛小孩，但不履行對學生的承諾，也會讓我不安，最後還是領養了。學生給我領養的小狗叫嘟嘟，三胞胎裡只有這隻是公的，生日是一九九六年六月十七日，之後我們也一直叫牠嘟嘟，沒改過名字。等隔年我確定要回紐約讀書時，嘟嘟已經長大，非常活潑可愛，看到牠就會讓我喜悅放鬆，帶給我一些生命力。與牠分開超級難受，同時我也覺得對不起C，我以為他會喜歡小狗的陪伴，也一直祈禱他會愛牠，但並似乎沒有，反而造成他的負擔。

另一方面，返校之路遙遠坎坷。因為留學簽證已經過期，得先以觀光的身份，回校補繳了九學期的學籍保留費用，一學期一學分，共計九學分的學費要先繳清才能請指導教授簽名，恢復學生身份，取得留學簽證，在時間、體力、精神與金錢的消耗都很大。而更大的挑戰是得重新銜接脫勾五年的學術環境，英文聽寫能力都已鈍化，壓力重重。

此外，要在曼哈頓找到安全又不太貴的短期住宿並不容易，因為我並沒有打算在紐約長住，還是很掛心C的狀況，一放寒假或暑假，就立刻回台灣。我論文要訪談一百位媽媽，台灣與美國各五十位，有一半訪談在台灣，就順理成章多留在台灣一些時間蒐集資料。因此，從一九九七年秋一直到二〇〇〇年底論文口試結束這三年多的期間，大概一半時間在紐約，一半時間住台灣，空中飛來飛去，因為每次回台灣都待了好幾個月，為了省房租，只能找願意接受短期承租的住處，那三年我在曼哈頓搬了四次家。

## 懷念紐約大學圖書館

我寫論文的主要地方是圖書館，當時學校規定，進入寫論文階段的博士生可在圖書館承租一間很小的研究室，英文稱study carrel，記得每學期好像只要五十元美金，但裡面不能置放任何私人物品，也不能將尚未借出的圖書館藏書或期刊放在裡面。我很喜歡待在圖書館裡，只要進入圖書館，心就會平靜下來，如果能在裡面寫寫讀讀幾個小時，發現一本喜歡的書或找到一筆有用資料，那一整天就會覺得充實歡喜，就決定租一間

study carrel，一直到畢業。

研究室在華盛頓廣場旁邊的磚紅色的總圖書館六樓，裡面有一張大書桌，好坐的椅子，以及一個小書架，但完全沒有窗戶。同學來訪，開玩笑說，這地方感覺與牢房也沒差很多，有幽閉恐懼症的人大概無法待在裡面。但那裡卻像個安全的洞穴一樣，讓我可以平靜心安，隔絕外界，包括各種不舒服情緒的侵入。每天清晨，我背著背包，裡面固定裝著筆電與一些文獻，裝滿黑咖啡的保溫瓶，大概可以在裡面工作六個小時，直到肚子餓了，大腦開始遲鈍了，才回住的地方煮一大碗鹹鹹的湯麵，通常以韓國泡麵或日本超市附有調味料的小包烏龍麵為底，加一顆蛋與其他蔬菜。飯後休息一下，下午又會出門走到附近Barns and Noble書店裡café讀書或瀏覽雜誌，或到學校電腦室印出論文進度給指導教授，一心一意，只想快速寫完論文回台灣。

但寫論文是無法急的，論文要對既有知識有批判性觀點與創新概念，這是最困難的部分。此外，我的寫作以及英文表達能力相當有限，寫每一句每一段，都像攀爬山岩一樣緩慢困難，計畫書寫了整整一年，與指導教授來回討論修改多次，那過程挫折焦慮，總覺得自己無能無才，有時甚至想放棄回家算了。然而，回到家難道就不挫折嗎？何處是我家？我在一九九八年七月二十九日，論文計畫口試結束的那天晚上，英文日記寫說：

想回台灣，然而，C能讓我放鬆嗎？還是更糟？我如何在沒有任何人的幫助下，度過所有的挫折與寂寞？為何我總是如此戀家，我如何能發展出一個強壯的自我？如何能享受生活，再也不要讓任何人，任何事困擾我。

下一段，繼續自我分析，喃喃寫說：

我會害怕獨處嗎？我很不願意與家人分開，但也不見得，因為此刻又覺得比較舒服了。音樂很棒，而且寫下糟糕的情緒之後，心情比一小時前好多了。音樂與寫作，能安撫我的心靈。就假設我獨自在紐約修行，也許能克服想家的問題。當你**在修行的時候，是不需要任何人的愛與關懷的**，而且音樂、寫作，閱讀，佛學禪修都能幫我。

重回紐約那學期，因為必須經常遷移居無定所，我買了人生第一台筆電，相當昂貴的 IBM Think Pad，記得將近台幣八萬，因為當時我只會英打，也為了練習英文，就開始用英文在電腦上寫日記。無論中文或英文日記，我好像還是經常在對自己信心喊話，自我安慰，自我激勵，許多困難的時光就這樣度過。

## 和C漸行漸遠

除了面對論文的困難以及一個人在紐約的孤獨生活之外，這期間也一直擔心C。我翻到一篇一九九八年八月九日凌晨十二點十二分寫的日記，讓我憶起一件相當驚嚇難過的往事，意識裡已經完全不記得這件事了，日記卻清清楚楚地記載著。

那時剛與C通完電話，我激動憤怒，忍不住開始打日記。在電話中，我問C為何從不寫信或傳email給我？我寫了好幾封信他都沒回。他回我說：「我要照顧狗，牠已經讓我快瘋掉了，我怎有時間寫信給你，昨夜我夢見我殺了嘟嘟。」我聽了非常震驚，不知道如何回話，那是台灣週日早上，雖然已經十二點，但他才剛起床不久，似乎還沒完全清醒，我們沒再說什麼，就結束通話。

放下電話，我仍驚嚇不已，在地球另一端的我，深夜無法入睡，日記上寫說：

生氣不滿的情緒也慢慢跟著出來，我以為可愛的嘟嘟可以改變他，就像改變我一樣，我以為他若可以與嘟嘟建立親密連結的關係，他就能懂得照顧其他人或周圍的生命，但是我錯了。

去年回家，我的植物幾乎都死了，小狗只要犯一點錯，C就斥責牠，就躲到沙發底下發抖，家裡每個地方都很髒，而他看起來也很糟。他無法讓植物活著，無法照顧一隻小狗，無法照顧我，連自己都無法照顧好。我究竟掉入什麼樣的陷阱裡？當我在台南，我努力讓他與周圍事物好好活著。但我好累，每個人看到我都可以從我臉色看到我已經耗竭，只有他看不到。……我覺得很受傷，難道這是我關鍵的一堂課？要教導我，沒有任何事是永恆的，不要因為人或事物的改變而受傷？

我決定一週不打電話給他，不想與他說話。他去年秋天經常這樣，但今年暑假好多，以為他有改變了。也許E教授是對的，他已經不愛我了，否則他會覺得抱歉與我結婚。或許他是太害怕失去我而無法說什麼。難道我是愚蠢的人嗎？我沒有被愛，被珍惜，卻仍與他結婚，為他做這麼多。即使他在數千里之外，卻仍讓我如此痛苦，我不再允許任何人干擾我，不再依戀任何人，或再與任何人談戀愛！這一切都太痛了。

此刻想來，殺死嘟嘟的夢，小狗可能是隱喻，象徵其他，但當時我還沒有深入認識夢，不懂得夢的語言，就僅是自己的解釋，也沒有跟他確認，為何會做這樣的夢，只是覺得不敢相信，他為何那樣殘忍。一方面因為我與嘟嘟之間的親密關係，我投射自己就是嘟嘟，這讓我覺得很恐怖，他是不是很恨我？但當時我覺得自己為了他受了很多的苦，不斷地犧牲付出，最後的結果是這樣，我很受傷，很受傷。

當然，我也還不夠有智慧與包容，無法將客體關係理論運用到自己身上，**每個小孩對其母親，也都是有愛有恨，想黏在一起，又想分離，也怕失去。所有依附關係是否也一樣，包括愛情**。但C過去一直是非常溫柔，難道是他擅長隱藏自己的情緒，還是我過於天真愚蠢？我無法承受他對我的敵意，愛是我們之間的唯一連結。

然而，C生病之後那七、八年期間，我們的關係可能已經從情侶慢慢變成親人的關係，甚至我扮演很多照顧者角色，某種程度，他或許也投射了與母親之間的關係在我們之間，與他母親之間的互動模式，也置換到我身上。

但我的心量不夠大，也不希望我們之間的關係像是媽媽與小孩，我無法接受他成為我的小孩，我需要能與我溝通對話的伴侶。這麼多年來的付出，最後竟然諷刺地一點一滴地失去了愛情，這個失落實在太大。那個夢讓我覺得他對我的愛已經到了盡頭，非常非常悲傷，對他失望，也對自己失望。

從日記裡，我發現我自然地啟動逃離的防衛機制，不打電話給他，保持距離不敢靠近。當覺得自己被愛，被好好對待時，為對方赴湯蹈火都在所不惜，而當發現自己並沒有被愛，被珍惜時，所有動力也慢慢消失。這麼多年來的現實折磨，兩人似乎都已經身心俱疲、內外交迫的緊繃狀態，沒能力愛對方，也無法同理彼此了。

# 29 「別放棄，持續地寫，直到完成」

學術研究這條路並不容易，總是在面對未知。研究的結果必須有新發現，有創意，才比較可能被發表。這表示在開始一個研究問題時，前方沒有確定的路，沒有答案，必須能承受長期間在黑暗中摸索，得有不知路在哪的鎮定與挫折忍受力，怎麼急也沒有用。

不過一路走來，也不覺得這是大海撈針，**寫論文是有方法的，只要有好奇心，有困惑，就會有動力前進，若能養成寫的習慣，寫了一句，下一句就會跟著出現，就好像右腳跨出一步，左腳就會跟著上來，答案總會在一陣摸索之後，令人驚訝地出現**。

指導教授曾在我很挫折的時候對我：“Shuyuan, don’t give up, just keep writing until it is done.”（別放棄，就是持續地寫，直到完成）。這句話至今仍很受用，不僅是論文，每件事的完成大概也就是這樣。當年指導教授給我的最好禮物，我現在也一直將這句話送給我的研究生。

一九九八年七月二十九日論文計畫書口試，沒有很順利，後來還花了一個半月修改並等學校倫理委員會通過審查之後，才能開始進行訪談蒐集資料。我重讀日記才發現，與指導教授之間也有多次緊張關係，對她也有些怨言；尤其讓我很詫異和難以下台的是，在口試時，她比兩位口試委員提出更多需要我修改或補充的地方，這讓我難以釋懷，為何她不在口試之前告訴我，反而在這關鍵的場合讓我措手不及？

## 好好清理過去，重新創造

以前覺得很受傷的事，此刻竟然忘了大半，是因為讀了日記才又想起。會被忘記的事，是否表示這些傷口差不多已經療癒了？或者遺忘是一種防衛逃避？那再想起，會舊傷復發嗎？自己是否會再度耽溺在那樣的傷痛裡？

這是很難回答的問題，有些事情即使不在意識裡了，但是當再度被意識喚起時，當時的不舒服感受的確會回來。也許，與指導教授之間在論文計畫通過之後，還有好幾年的密切互動，兩人的關係越來越好，隨著論文的完成，傷口也就療癒了。

但是，讀到C夢見殺了嘟嘟這一篇日記時，胃則翻攪想吐，還是像二十年前一樣難受，還是過不去。還好，被侵入的時間比較短了，僅盤旋這麼一兩天，心亂時，就開始清理家務，洗衣，外出走路，回來，心仍煩躁，就拿起毛筆，打開硯台，滴幾滴墨水，一筆一筆慢寫毛筆字，然後晚上認真睡一覺，隔天一早醒來，端一杯熱咖啡到電腦前，又可以繼續寫了。

**現在的成熟度、對事情的反應、以及因應問題的各種裝備都不同了，每天有習慣想做的事，不再被失落的情緒困住太久，等一波情緒過去，就又有能量勇氣繼續潛入過去黑暗深處一探究竟，好好清理，重新創造。**

**每完成一個角落，就放置一盞柔和的燈，內在世界越來越清明寬廣，路徑清晰，可以自在穿梭，不容易再絆倒迷失。**

再回頭，現在的我比當年更能同理C。他身體弱又勉強自己上班，照顧自己都很辛苦，已經沒有多餘的體力同理我或照顧小狗。那我自己呢？我有同理自己，善待自己嗎？有時覺得好與不好，是相對的。比起C，我的身體沒有大病，應該是很好了，但我也清楚看見，從他病發之後將近二十年，我常處於憂鬱與焦慮狀態，因為過敏體質，身體也多次靠近死亡邊緣，直到恐慌症突襲，身心幾乎全面潰堤時才大夢清醒，清楚看見自己少與自己同在，安安定定，實實在在地活著。我總是被外在人事物牽引，過去的創傷失落控制著現在的情緒，慌忙地像陀螺一般不停地轉轉轉，我的精神自我不夠堅強，重心不穩，輕易地被他者轉動。

我也看見那時的指導教授，僅大我三歲卻已經意氣風發，處在學術生涯的顛峰，算是人生勝利組，又生養了三個小孩，非常忙碌。我們見面討論時間絕對不會超過半小時，通常外面已經有下一個研究生在等待著。她對我的論文計畫建議無法一次到位，需要時間發展，這也很平常，自己當了指導教授，才知道指導學生寫論文有多難。

**當我們脆弱的時候，大概僅能看見來自他人的壓迫傷害，不太容易看見自己是怎麼造成他人的壓力，或冒犯了他人的界線。是的，重新訪視過去，的確常有難受的時候，有時甚至失魂落魄。但，某種程度，我好像也在收驚收魂，一吋一土把失去的自己收回來，也看見了他人的生命限制，每個人在那當下都盡力了。**

論文計畫口試完之後，覺得走了千山萬水，好不容易又過了一個關卡。歷經重重難關之後，再也不敢將任何事情視為理所當然，若非天地眾靈護佑，以及許許多多人的幫忙，是走不了這麼遠的。

我心存感恩，很想回到東初禪寺感恩禮佛。打電話詢問禪寺的活動，發現每週六從早上九點到下午三點有固定的打坐共修活動，很特別的是，不一定要九點到，可以在這連續六小時中，靜靜地來，悄悄走，唯一的規則就是不說話，有一位義工負責監香與時間管理，會在每半小時靜坐之後輕輕擊磬，帶領大家做六式簡單瑜珈，舒展筋骨，休息幾分鐘後，再輕輕擊木魚，提醒大家繼續打坐，非常自由，覺得這方式很適合我。

## 在東初禪寺和Bill相遇

週末一到，我從曼哈頓東13街聯合廣場附近的住處坐地鐵到皇后區的東初禪寺，因為晚睡晚起的作息，我中午過後才到。自一九九二年底打了第一個禪七，再回頭，竟是五、六年後了，我心有些激動，輕輕禮佛，頂禮眼前的蒲團之後，盤腿坐定，就一直坐到共修時間快結束了，才起身跟著大家一起拜佛結束。僅是靜坐一個半小時，就已經全身舒暢放鬆，感恩淚流，好像回家的感覺。

當天我沒遇到聖嚴師父或其他法師，我與東初禪寺之間的連結既深且淡。在這空間，因為禪七，而有了很深刻難忘的個人生命體驗，發現很美好的存在可能。然而，打坐期間禁語，結束後又匆匆離去，與法師或任何義工少有其他的互動，我也覺得不宜攀緣打擾，因此，與禪寺裡的人並不熟識。但是，週六禪修活動很特別，負責帶領週六禪修的義工就是Bill，他認識每一個來打坐的人，那天我是唯一的陌生人，特別過來跟我打招呼。

因為與Bill相逢，人生開始大轉變，當然也是另一個巨大茫然的開始，像是愛麗絲夢遊仙境，掉入一個讓我完全難以理解的世界。只是我不像童話裡的愛麗絲，有那麼大的包容與愛，自然地融入，自然地化解各種危機，自此之後二十多年的人生，依然像坐雲霄飛車般驚險，能持續到此刻，只能說是奇蹟。這使我相信，一定有更高、我還看不見的法則、宇宙道理、或天地諸神在幫著我。

## 30 Bill的人生傳奇

那天來打坐的人之中，有一個人開車，也要回曼哈頓，Bill要搭她便車回曼哈頓，知道我也住曼哈頓之後，就邀我一起同行。他一聽到我正在攻讀發展心理學博士，立刻很興奮地問我對夢的看法、對夢有沒有興趣？

我當然有興趣，我很會作夢，從小就惡夢不斷，經常被夢驚醒，日記裡記載不少恐怖可怕的惡夢，只知道夢反映我的焦慮害怕，其餘的了解就有限了。然後Bill就開始慷慨激昂地挑戰我說：「你主修人的發展，怎麼可以不懂夢？等於少了一大半對人發展相當重要的訊息。」接著積極邀請我去參加歐曼醫師的讀夢團體帶領人工作坊。

開車的Brenda住在69街上城，我與Bill都住下城，她只能順路送我們到33街車站附近。我住東13街，Bill住西21街，都必須往下城走十幾條街，我們邊走邊繼續聊，彼此都好奇為何喜歡打坐，怎麼知道東初禪寺這個少為人知地方，就這麼簡單的問題，拉出了一個又一個難以說清楚的往事，也衍生更多的困惑，話題聊不完，直到他家的方向該往西，我往東，話題才結束。

## 放棄學術發展，一心想當作家

Bill說他是作家，問我可不可以寄一些文章請我幫忙閱讀。我不擅長寫作，卻一直佩服會寫的人，有作家要我幫忙閱讀，覺得很榮幸，就給他住址。

結果，過幾天我不僅收到一大包他寫的文章，還有一封信，有一點類似情書，此刻，不記得他寫些什麼，只覺得這個人很衝動，也讓人有壓迫感，怎麼才見一次面，就寫這樣的信，我不太容易相信陌生人，懷疑他是不是常常做這樣的事。

只是，讀完他寄來的幾篇文章，有一些是關於他自己的故事，覺得這個人很奇特，有很亮麗的學歷，大學是讀南方貴族名校杜克大學，碩博士讀紐約長春藤名校哥倫比亞大學，有這樣的學歷背景，無論在台灣或美國，通常過了中年，應該都會有一定的社經地位，但這些外在的擁有，他卻什麼都沒有，生活重心是寫作、打坐、研究夢。

後來才慢慢知道，他賴以維生的工作是在一家大型的管理顧問公司當秘書的助理，晚上正職秘書下班了，他來暫代幾個小時，很低階低薪的part-time工作。博士畢業後，在紐澤西大學當助理教授五年，學校因為要緊縮裁員，他領了一筆資遣金之後，就再也沒有去大學找教職工作，從此放棄學術生涯，一心一意想寫作，決心要成為一個作家。

他在格林威治村的餐廳當起waiter，每週末工作三天，維持基本生活。當時滿三十歲不久，憑著過去求學的優越感，頂著名校博士學位光環，信心滿滿，以為不須幾年，就能成為暢銷作家，以寫作為生。但我遇到他時，已經過了二十年，此刻，又過了二十年，苦苦奮鬥了四十年，他的夢想仍一直都還沒實現。

文章僅發表在一些期刊雜誌，他形容自己是一個struggling writer，一個仍在掙扎求生的作家。不穩定、無法持續的低薪勞動工作，讓他多次陷入不知下個月房租是否能如期繳交，下一餐飯不知在哪的生存邊緣。他也曾經菸酒藥物成癮，差一點被房東趕出，流落街頭，成為遊民。直到幾年前找到這家管理顧問公司的夜間工作，是所有兼職工作維持最久的，生活才慢慢安定下來。

在這同時，他開始學東方武術以及跟著聖嚴法師禪修靜坐。我對Bill戲劇性的人生歷程很好奇，覺得這種人只會出現在虛擬的小說世界裡，怎會出現在我眼前！

我與C結伴順著當時的社會潮流到西方留學，有一度覺得自己是天之驕子，高高地在天空飛翔，完全沒想到會中途墜落，被迫體驗了處在社會邊緣角落謀生的滋味。記得剛開始家教班時，我們買了一台二手的影印機，在家教班的廣告牌上也有註明幫人影印，在台南賺到的第一塊錢，就是幫鄰居影印身分證。當鄰居將一塊錢放在我手上時，看著手掌那一塊錢許久，百感交集，欲哭無淚，那一刻的影像，至今完整地留在腦海。

## 隱士高人般的生活和態度

經過五年休學，在現實社會底層求生，陪著C與疾病纏鬥，再重返學術界時，對外在世界的心境，對於生命該怎麼過，已經與之前大不相同。原本對自己的研究論文相當有熱情，也非常著迷統計學的魔力，但是經過了七、八年陪著C走在死亡邊緣，我清楚看見，人能活著的時間其實很有限，發生在C的瞬間病變，也可能隨時發生在每個人身上。

因為強烈感受到生命短暫無常以及伴隨而來的焦慮，我對論文所採用的實證量化研究法漸漸疏離，但丟掉這個，我還能做些什麼？我想轉彎，卻也不知道出口在哪裡，看不到前方，只能撐著，邊走邊探路。雖然我盡力完成博士學業，但另一部分的我已經開始掙扎分裂，想脫離原來的軌道。

之前對知識與學術的熱情漸漸蒸發，或許是卡住，是被眼前的烏雲團團包圍。還沒有遇到C之前，一個人在台北大都會讀書的我，可能是相當寂寞孤獨，總不知不覺會自問**我是誰？人為何活著？今生該如何過？仔細想想，當會問這些問題的時候，似乎都是與當下生活沒有很深連結的時候，那種處在一種孤單疏離、無法讓自己投入任何活動、認同任何人的狀態**。

遇到C之後，覺得生命不再孤單，兩人決定要一起建構屬於自己的城堡，創造新生命，生活就這樣過，少年時期的存在質疑就逐漸自然褪去，沒想到人生的發展全然無法預期，過了十多年，已將近四十歲，不但沒有下一代，也覺得C正快速地離我遠去，生離死別，萬物無常的議題，提早在我的人生拉開序幕，年少生命大哉問又慢慢回來了，茫然不知未來何去何從。

因而，當知道Bill竟然大膽地離開相當難拿到門票的學術界，放棄在大學教書的穩定與社會光環去實現他的作家夢，引發了我很大的好奇，或許我也有點羨慕佩服，他怎能如此確定他要什麼，他怎麼可以這麼不怕死，不怕生存的威脅，去做他想做的事，這樣對嗎？這樣好嗎？為什麼他可以什麼都不怕，而我卻又有那麼多的害怕？

他那個時候的生活，很像武俠小說裡的隱士高人，每天清晨醒來在電腦前打字寫作，寫到無字湧出，就去公園打各式各樣的拳術，包括太極拳，還有一套木棍武術，然後在家裡或哈德遜河邊碼頭打坐。中午休息過後，閱讀，處理雜事，到了黃昏梳洗準備上班。他都走路去公司，從西21街住處走路到中城五十幾街附近的辦公室，下午五點工作到九點多，也是走路回家，回到家就立刻睡覺，期待隔天早起寫作。

每週六，清晨七點不到他就從家裡出發，坐一個多小時的地鐵到皇后區東初禪寺，開始打掃二樓的小禪堂，將蒲團面對牆壁一個一個排成兩行，監香的位置在小禪房末端的中間，可以清楚看見每個人的背影。他在自己的蒲團前放好監香用的引磬與木魚，九點準時開始打坐，安靜地等待人陸陸續續來打坐。每半小時，他輕擊引磬，提醒大家可以下座，一起做簡單瑜珈，休息十分鐘洗手喝水，然後敲木魚開始下一柱香，直到下午三點結束，連續六小時，中午不吃飯不休息，全程禁語不講經不說教不討論。

我加入的時候，Bill已經負責這個週六禪修活動三、四年，每個月，他會花很多時間，自己美工製作上百張的明信片，標記每週六禪修活動時間與地點，一張一張貼好郵票寄出，到處邀請人一起來打坐。

## 不再憧憬愛情

Bill的經歷與所作所為，當時我只知其一，還有許多我不知道的，但已經覺得相當不可思議。尤其他很窮，銀行存款很少超過一兩千美元，卻很慷慨，週六禪修結束，常掏腰包請大家到附近中國餐館吃飯，每個月上百張明信片的郵資也很可觀，更常大包小包郵寄他自己寫的文章給認識的人讀。這樣簡單貧窮的生活，日復一日，好像也挺自在，唯一沒有放棄的目標是寫作。他總告訴人他是作家，但我質疑他還沒有出版一本書，怎能算是作家，他說只要每天固定寫作就是作家，就像農夫每天會下田耕種一樣。寫作是他每天醒來第一件事，比任何人，任何事都重要。

我收到信，將他的著作讀完之後，約他在東14街聯合廣場旁的Barns & Noble書店裡Café見面，就直接告訴他我已經結婚，也不再對愛情有任何幻想，不久即將回台灣，從此與他保持距離。我也發現，我似乎不再相信「愛情」，也沒有憧憬，害怕與任何人發展親密關係。曾經，我對C的依戀，如同無法分割的岩石，古人問世間情為何物？接著的答案是「直教生死相許」，我大概與這境界也相差不遠了。然而，歷經二十年生命之河的沖洗，慢慢清楚看見，我們兩個其實是各自獨立的石頭，也看見，**每個人**

**都是獨立的石頭，只是有時候被命運堆疊擠壓在一起而已。**

與Bill在書店談過之後，已經八月底，等論文計畫書通過學校倫理委員審查之後，我立刻回台灣蒐集訪談資料，除了之前的探索性研究已經訪了十位媽媽之外，我的論文還必須面訪四十位台灣的媽媽，這一待就是半年多，直到隔年春天台灣的訪談才結束，接續回紐約訪問美國媽媽。要在紐約找到四十位有三到四歲幼兒的媽媽訪談又做問卷，每一次訪談需要一個多小時，還要錄音，這不是一件簡單的任務，又讓我覺得茫然無頭緒，但覺得這些事是可以靠自己勤勞努力慢慢達到的，不像面對C身體逐漸敗壞的無力絕望。

# 31 住在女人國的日子

一九九九年春，準備回紐約訪談紐約媽媽時，我在東13街的住所，因為二房東即將生養第二個小孩，需要更大空間，必須再度搬家。台灣留學生介紹我一個蠻特別的地方，那是由救世軍組織（Salvation Army）專為女性創立的國際會館，也是在13街，但是偏曼哈頓西邊，在第六大道與第七大道之間，是熱鬧的市區，距離文化藝術氣息濃厚的格林威治村與雀兒喜區都很近。房間有單人房、兩人房、四人房，附近有許多知名大學，包括NYU、New School、CUNY、FIT、Parson設計學院等，交通非常方便，也很安全，有二十四小時警衛，嚴格的門戶管制，一樓是美麗寬敞的大廳，地下室是大餐廳，三餐都有豐富的自助餐，收費還蠻合理，這棟大樓叫Markle。這地方的契約是以月計，比較有彈性，不像學校以學期為單位，或一般租約是以一年為契約期，方便我每隔幾個月回台灣。重返紐約復學一年多，這是我在曼哈頓的第四個住處，搬家找房總帶給我很大的壓力。

之前的住處除了學校宿舍之外，都是二房東為了分擔房租，分租一部分的空間，或者房東出國一段時間，暫時將住處出租，有種寄宿他人空間的不自在，但Markle像是提供比較長時間住宿的大飯店，裡面沒有其他人東西，尤其特別的是，只收女性，很多是來自世界各地到紐約短期工作或進修的人，也有一些長期住宿者，有的仍在工作，有的是退休的單身女性。我大約住在Markle將近一年，沒有房東，沒有室友，但可以選擇與住在大樓裡的人一起在地下室大餐廳用餐，偶而也可以與熟識的人串門子，不覺得孤單邊緣，是在紐約讀書期間，最讓我放鬆自在的住處。

我在想，為何會對你提起這段經驗，我知道這段期間對我有衝擊、有意義，但一時之間，也不知道那是什麼。我選擇單人房住，費用比較高，但直覺獨立的空間能換取更多的時間，我急著要完成論文，沒有特別想要與任何人太近距離生活，一個人住可以減少人際互動時間。白天仍習慣到圖書館讀書，晚上我會到餐廳吃飯，周圍多數是來自世界各地，正在探索未來的年輕人。當時我已經快四十歲，相較之下，覺得自己有點歷盡滄桑的衰老，雖然想盡快寫完論文畢業，但我對未來並沒有什麼希望感。愛情婚姻家庭對我而言，好像柴火已盡、奄奄一息，而對理性客觀的學術界也開始疏離，一切似乎都是在撐著。一方面焦慮論文進度以及C的身體，一方面也很疲累厭世，沒有能量心力去社交或探索紐約大都會。

## 活在性別真空的經驗

但即使我有些自閉，有十幾層的Markle大樓，裡面房客全部是女性，有點像是我高中讀私立女中的經驗，在純然女性世界裡，覺得有種特別的滋味，或許是不被男性干擾，與來自世界各地的女性吃飯聊天時，多數的對話內容都是關於自己的興趣、熱情、學業、工作、以及未來的發展方向，少有人會去談自己的男友、先生、或小孩，也因為在這空間不需要吸引男性的注意，似乎與彼此靠近一些，也能更真實地做自己。

高中三年，在一個沒有男生的校園裡，我甚少覺得自己是女生，對生命有很多的探問，例如我是誰、活著的理由、存在的意義等大哉問。住在Markle時，也再度有類似奇妙的感覺，周圍的人對待你的方式，就是一個人，不是男性或女性，我發現生活在性別真空的經驗，幫助我突破性別角色的限制，尤其我來自習慣以性別決定人一生發展的傳統社會、傳統家庭。

之前曾對你提過，在紐約大學的讀書歷程，是我個體化發展的關鍵，此時回想住在女人國Markle的感覺，發現高中讀私立女子中學時，對於自己的未來想像，已經突破傳統女性的範圍，長出個體化幼苗，而這幼苗在曼哈頓求學時快速生根茁壯。

## 32 默默與C結束婚姻關係

回紐約復學兩年多後，我與C默默地結束婚姻，這段過程很複雜，也很痛苦難受，難寫難說，即使此刻已過了二十年。

我想，我一直有很深的內疚與羞愧，覺得我是一個自私無情的人，為了自己想好好活下去而離去，或者是覺得自己很懦弱無能，無法忍受一直目睹C在死亡邊緣掙扎，卻無法做什麼的焦慮恐懼。我受不了預期的失落與恐懼長期籠罩，害怕那一天的到臨而選擇逃離。當然，一切的結果，都無法以單一因素來解釋，是漸進的，是許多因緣會聚，不會是偶然的。

重新回紐約讀書後不久，覺得C越來越疏離，不寫信、不打電話，幾乎感受不到他的愛或關心，甚至覺得潛意識裡他對我有敵意。我猜想，會不會我繼續學業刺痛了他，或引發了他無法完成博士學業的遺憾。但他又不像他母親直接當面要求我不要繼續念書，他有他的風度與尊嚴，只能默默壓抑，憂鬱冷漠。

而我則委屈、哀怨、孤單，流不完的淚水，甚至是憤怒絕望。但很多時候，又會合理化這一切，是因為C身體虛弱，已經無能為力，我不該苛求什麼，應該放下，日子就這樣來來回回循環著。

Bill在這階段出現，影響了我的去向。雖然我一開始清楚告知他不可能有進一步的關係，但之後還是有email以及電話往來，我需要能聽我說話的朋友。他喜歡做的事，包括寫作、閱讀、打坐、東方武術、讀夢探索潛意識等，也都是我好奇想做的。我也敬佩Bill能過著不被俗世牽制的清貧極簡生活，將多數主流社會價值以及所追尋的事物放在一邊，不妥協不虛偽地做自己。

## 提出離婚請求

他物質欲望低，家徒四壁，衣服只有幾件，款式顏色都差不多。我們越聊越深，漸漸成為一種習慣的陪伴。隔年，我決定與他交往，但無法接受自己在已婚的身份與他人交往，因而向C提出離婚的請求。

我知道他難受，但完全沒有為難我，也沒有對我說任何不好聽的話，我們沉默無言，一起到戶政事務所完成所有手續，之前在美國留學認識的好友協助處理文件，這時候有能理解的好友一旁扶持，很感恩。當時我也相當痛苦無力，覺得傷了他，心如刀割，在往後的日子裡，這把刀一直不曾離開過！

我說這過程很複雜，是因為我們正式離婚後兩年，雙方父母家人仍都不知情，或許我們兩人都還沒下定決心要分手，也不讓父母介入我們之間。我回台灣的時候，仍住在台南，有各自的房間，繼續與兩邊家人過年過節。除夕，C全家還是像之前一樣在台南新家圍爐，我與C也在初二回娘家，表面上就像一切都沒發生。

當時我有提到新買的房子怎麼辦，因為房子是登記在我的名下，他說他因為自己身體不穩定，不知未來會如何，希望將房子交給我，確保他能住到終老，他的父母也可以住到他們不想住為止。他如此信任我，相信我不會為了錢而讓他與父母無法住在那棟房子裡，我與他離婚的不安與內疚，因為他的信託而稍微緩和。

事實上，關於這房子，還有一段插曲，或許也是我決意與C結束婚姻關係的原因之一——是關於房子貸款的問題。我結束家教班以及辭掉成大研究助理工作時，C的工作蠻穩定，我們協議，如果C仍繼續工作，未來每個月支付給母親的五萬元房貸，兩人輪流負擔，我用存款慢慢支付。後來他媽媽友善地跟我說，因為我要讀書，暫時不用付，我很感謝她的好意。

然而，不到半年，C打越洋電話給我說，他母親希望我們能還房貸，理由是C弟要換新房，需要現金，那是房地產瘋狂的年代，買房必須與時間賽跑。他電話中問我，我們有錢還嗎？因為之前的家教班收支由我處理，他不清楚。

我人在紐約，不太清楚C與其母親之間的對話或詳細過程，只覺得他很受傷，更加強他拖著命上班的合理性，證明沒有工作就不會有尊嚴，以及再一次對母親的失望。

我有點擔心C，覺得他這樣拼命工作，會加速他的生命耗竭，想快速解決這個問題，讓他不要再有藉口「拖著命工作」，我們在電話裡中一起盤算存款，因為我也不知道他有多少存款，我從不過問他的工作收入。我請他問母親如果我們一次付清，還要付多少，得到的數目是二百萬，與我的估算差不多。

我動用了我父親在我結婚時，要讓我買車與家具的九十萬元，加上我原本為了房貸準備的存款，以及C一年多的工作存款，就湊足了兩百萬，希望C的母親能安心，C也能安心，盼望他能重新看待為何工作，不是為了任何人，或為了經濟壓力，希望他能過他想過的生活，生命圓滿，無所缺憾。

父親給我的這筆錢，我有點好強，能不用就不用，讓母親幫我保管存摺印章，總希望能靠自己，不讓父母擔心，或有叨念我的藉口。但當時，我無法也不想再度中斷學業了，也不想讓C有負擔，就請託在公司當會計的姊姊幫忙將這筆錢匯給C的母親。這過程，我應該也是受傷辛酸，一邊讀書，一邊擔心錢，又一邊擔心C的狀況，我覺得自己能承受的已經達到極限，隨著房貸付清，好像有些事情也一起結清了。

## 仍然待解的事

人與人之間的親密關係要通過「錢」的考驗，很不容易，經常會面臨關係比較重要還是錢比較重要的兩難選擇，錢是生存的必須，沒有錢會覺得活不下去，沒有關係似乎比沒有錢更能忍受，或許因為如此，許多關係因為錢的糾葛而破裂。我一直期許自己經濟獨立，不要依賴任何人，包括未來的伴侶，也會希望伴侶經濟獨立，別依賴我，與C之間，也一直有這樣的默契。但後來房子為何登記在我名下，這又是另一個故事了。

訂婚後在美國一起生活讀書共三年半，原則上都各自負擔自己的學費生活費，我爸全額資助我留學，C則有兩年全額獎學金，他父親也給他一萬元的美金備用，後來舊車壞了，買新車的費用記得是他母親贊助。第一年住費城，與兩位台灣留學生共租兩房的公寓，沒有客廳，中間僅有一間小廚房相連，一間臥房的房租三百美金，當時在費城，不但生活費低，學費也低，一個學分兩百多美金，大約是紐約大學的三分之一，我父親給我的生活費很夠用，我們雖然很節儉，但短期內都沒有經濟壓力，就先將一時還不會動用的錢合併存在我帳戶，希望能滋生利息。當時的利率蠻高，但美國銀行的定存金額影響利率的高低，家人資助的留學費用也沒有很多，兩人加起來才夠買定存，由於我比例比較多，他也擔心存款會影響獎學金的申請，他的備用金就先寄放在我帳戶定存。

在費城住了兩學期，隔年六月因為他必須進實驗室工作，必須搬到他學校附近，因為我們沒正式結婚，無法申請便宜舒適的學校宿舍，在校外租了一房一廳的公寓，每月租金六百美金，加上通勤車資，我的生活費突然增加很多。由於我們的房租都輪流付，我開始感受到經濟壓力，直到第三年我申請到紐約大學的獎學金，才鬆一口氣。

然而這時候C已經沒有全額獎學金，還好他的課都已經修完，不過我還是開始感受到他在經濟上不安，他將合併寄放在我帳戶的定存解約轉回他帳戶，沒想到不久他就急診住院，這筆錢就全部付醫藥費了。這個創傷影響了後來買房要登記在誰名下的抉擇，他母親原本要為他買房，但後來我也參與付房款，最簡單的方式就是登記兩人的名字，但C不要，他不信任自己能守住房子，即使後來我們婚姻關係結束，他還是希望我繼續保管。

他父親從一開始到退休，都一直住在那房子，C母在我離開之後也搬入同住。二〇一五年春的某天清晨，C母發現C父坐在臥室看電視的椅子上，電視仍開著，但人已經停止呼吸，原因不明。幾個月後，C母才打電話給我，告知C父辭世的消息，她說她要這棟房子，說台南房市不好，那房子值不了幾百萬，她要付我一些錢，要我將房子過戶給她。我一方面很意外震驚C父過世，他還不到八十歲，在台南同住許多年，他從沒給晚輩任何壓力，以他的方式默默為家庭付出，不能再見到他，我很遺憾，很鼻酸。

而就在我還沒回神時，聽到C母說那房子值不了多少錢的時候，我內心好像有個地方被炸開，我說我還無法與她討論這個問題，等我想想再說，就匆匆掛了電話，幾天後手機又出現兩通她打來的未接來電通知，我仍然無法討論房子的事，就臉書訊息給C妹，拜託由她代轉C之前與我之間的協議給她母親。

那是二〇一五的九月，當時C母與已成年的長孫同住在那棟房子裡，恰巧孫子也考上台南的大學。我與C的家人這幾年來很少聯繫，他們沒有主動打電話給我，我也無力主動聯絡，我們可能都還沒準備好，也許仍是太悲傷，失去C是我們共同的痛，要面對那房子，就不得不面對往事；也或許，錢的問題實在太敏感，就一直擱置。

從搬離台南房子至今二十年，我記得僅回去三次，一次是二〇〇二年八月決定台灣工作後立刻去將小狗帶回。一次是二〇〇四年暑假，C的治喪期間。第三次是相隔數年後，我去拿幾本書回來，並開車帶C母到附近日本餐廳一起午餐小聊。我曾嘗試要去靠近C母，關心她，但只要一靠近台南，我的心跳就會加速，身體僵硬發熱，因此若有人邀我到台南上課演講，除了與夢相關的議題或是我的學生邀請之外，幾乎都拒絕。

寫到此，我才能比較冷靜思考，當C母說那房子值不了幾百萬的時候，為何會引爆我巨大的情緒，那房子對我而言是無價、無法計量的，同時也是相當的沉重。因為這段期間的書寫，往事一幕一幕掀開，過去承載的重量也慢慢減輕了，我才開始有能力意識到C母的失落。當時她是要幫兒子買房，但沒想到我與C的婚姻關係會中止，這房子在外人名下，她必定委屈不捨不安，但願我有智慧化解，讓最後的塵埃落定。

博士班的最後一年，與C默默結束婚姻關係之後，我在紐約仍每週與他通越洋電話，聊天時間比之前還久，頻率也較高。那感覺很奇妙，**是否沒有了社會角色責任，雙方都減少了對彼此的要求、期待、評價、或不滿，反而可以比較尊重，放心安全地說話，關係意外地又開始親近了。**

## 從夫妻變成朋友

我們經常談佛學，分享打坐經驗，自然而然往修行的方向前進，像是修行的道友，也像是曾經一起打過仗的患難之交。他似乎也慢慢活潑開朗起來，恢復之前的敏捷銳利與幽默感，他的改變，我們關係的改變，使我仍猶豫不決，不確定是否要搬離台南的家。

另一方面，比較深入認識Bill之後，發現我們有很多相處的問題，他並非我原先想像中的悟道隱士優遊自在，比較像是外太空來的人，與人類社會格格不入。無止境的現實生活挫折，讓他對社會對人有很多的不滿與憤怒，也習慣用逃避拖延來面對讓他頭痛的現實問題，對自己與他者的理解有些偏執與侷限，我們之間巨大衝突不斷。二〇〇〇年底，我博士論文順利通過了，究竟留在美國還是回台灣，我其實一直舉棋不定，不知何去何從。

完成博士學業是大事，但我此刻連哪天口試都不記得。那時，農曆年又到了，我依照慣例回台南過年，並試圖找大學教職工作。有一天意外發現聽到C與人講電話的語氣不太尋常，才知道他與其同事發展了親密關係。仔細回想，應該有一段時間了，雖然C

解釋是在我們簽字離婚之後才開始的，我還是相當錯愕困窘，三天後，我傷心又放心地搬出台南的家。

開著裝滿我個人東西的車離開台南那天，我在車上一直哭，沒停止地狂哭，當時已經離婚兩年，分開還是這麼難受。還好距離父母家的車程有兩小時，可以哭得很痛快。

我萬萬沒想到，是另一個女子讓他復活，有了生命力。她是他的主管，她欣賞他，重用他，而他願意為她拼命工作，赴湯蹈火。反過來，他身體倒下之後，我拼命要救他，一看到他身體有危險，立刻警戒，要保護他，甚至會生氣，責怪他為何如此不在意自己的身體，經常為了工作晚歸而耽誤了換藥水時間，無法適時透析體內毒素，讓毒素有機會殘害身體，在這種焦慮無力下，也讓我講話不時大聲。

我看見的都是他脆弱、崩毀的一面，但她看見的是一位非常聰明有自信、幽默風趣，專業知識豐富的留美學人。

C病發後直到我離開台南那天，整整十年，我像媽媽一樣想要保護他活下去，協助他安頓生活，結果，我逐漸地失去了愛情……

# 33 滯留紐約・禪修・學夢

博士剛畢業時，回台灣找教職工作並不順利，雖獲得幾個兼任的機會，但沒有找到專職。不久，知道C已經有了新的親密關係，在台南的我感覺像是局外人，即使是自己努力多年全心全意打造的家，但一時之間卻不知將自己擺在哪，覺得一刻也待不下去，就正式告知雙方父母兩年前已離婚的事實。

C的母親很驚訝，當面對我說：在這個社會，女人離婚說出去是很難聽的，我無法說什麼，沉重無言地告別。她說的都是事實。

我父母也很震驚，我媽嚴厲譴責我說，既然決定要嫁給C，就不應該離婚。我無法說什麼，只是一直哭一直哭，越哭越激動，這大概是我小學畢業之後，第一次在父母面前毫無保留地痛哭……寫到這裡，忍不住又流淚，很多很多的淚……

當時，在一旁的二嫂用台語對著我爸媽說：「她已經沒辦法了啊！她已經做到這樣啊，沒法度擱繼續下去啦！」二嫂挺身為我說話，至今溫暖在心，她的語調表情，我都還記得。二嫂話一說完，爸媽都沉默了，不再講一句話，我默默上樓回我房間。

那天晚上二哥可能從二嫂處知道消息，喝了一點酒跑到四樓拍著胸脯大聲對著我說：「這個家就是你的家，只要我在，你就永遠住下去，別煩惱！」我很感動二哥的接納支持，也有點感傷，感覺到離婚女人與原生家庭之間的尷尬處境，心裡明白，終究要離家。

我媽的指責，我無法辯駁，也許內心裡有某種程度的認同，即使找了千百個必須離開C的理由，但仍無法辯解我不能從一而終，信守婚姻承諾的事實。我媽經常挑戰我，我做事總是有頭無尾，不能有始有終，工作也換了好幾個，這回，又被她說中了，只是婚姻是大事，不同於換工作，從今以後，我必須承受世人對我的評價。

## 我是誰？

我究竟是怎樣一個人？是傳統還是現代，是堅定還是搖擺，是勇敢還是懦弱，我都搞不清楚了。

一九九二年秋我一人住在紐約時，在New School學院的台灣留學生讀書會，認識一位前衛的女性政治人物，那學期俄亥俄州立大學的台灣同鄉會邀她演講，她與當時的男友邀我協助開車，我不記得她不開車還是不會開車，因為全程就由我與她男友輪流開。我在美國已經沒車，想念之前開車的滋味，也想多看看寬廣的美國大地，就欣然答應。

從紐約到俄亥俄州立大學，單次車程要十二小時，又遇到大風雪，時間拖得更久。我們相處了三天三夜，尤其在車上時間很長，就一直聊天，漸漸深談。晚上我們被招待睡在同一間房間，我約略與她分享我當時的狀況。

後來她博士論文沒寫完就回到台灣發展，剛好她對腎臟保健有些了解，很熱心善意與我分享一些治療資訊與推薦保健藥物，也推薦一位她熟悉的腎臟科醫師，祝福C能康復。我們買了她推薦的保健藥物一段期間，但當C正式接受醫院的人工透析治療之後，決定停止所有的偏方治療與服用保健藥物，我就沒有繼續與她聯繫，過幾年，她已是某政黨的發言人，經常上媒體。

我在成大醫學院當研究助理時，看到海報知道她來演講的訊息，就去會場打招呼找她聊幾句。她盛裝、光彩耀人，是那天舞台上的主角，旁邊有許多西裝筆挺看起來很有社會成就的人士穿梭準備會場，也一直過來招呼，她如眾星拱月，使我在那現場有點尷尬自慚。

我是家教班補習老師，國科會研究助理，很難想像自己曾經與眼前這位「大人物」高談闊論，共睡一室。當時，我並不覺得自己與她距離有這麼遠，然而，幾年後，她是台灣社會深具影響力的人物，而我是仍在掙扎求生的市井小民。

不過，她仍記得我，問我在台南做什麼，我大略說了一下我與C的生活狀態，她坐在有靠背的椅子雙手抱胸，聽完我的近況後質問我說：「你幹嘛待在這裡？你想當貞潔烈女啊？」雖然她的聲音與之前一樣輕柔不慍不火，但我一聽到這句話，臉頰快速發熱，腦脹頭昏，渾身開始不對勁，不知如何反應。還好，很快就有人來打斷我們的談話，我迅速離去，沒聽她的演講。從那時候到現在，我沒有再與她有任何聯繫。只從媒體新聞知道她脫離了原本的政黨，為另一政黨工作，後來漸離政治圈，成為媒體名人。

此刻，過了二十多年，想起這段往事，好像比較能理解當時不舒服的感覺。以想成為「貞潔烈女」被歌功頌德，或為了符合社會的期待來解釋我當時與C的關係，解釋我當時的存在處境，我感覺到被扭曲，被貶抑。尤其，我曾受過高等教育許多年，「貞潔烈女」對我而言，是頗負面的意識形態，是中國傳統社會透過各種公開褒揚、懲處，滲透到每個人的大腦，形塑整個社會一致的價值，也同時內化成每個人的內在核心價值，是男性控制女性發展自我相當有效的方式，也是統治者以犧牲女性權益，達到控制社會秩序的手段。

長期以來，女性被這樣的意識形態洗腦控制剝削，導致無論男性與女性，多數都以貞操來評量女人的價值，定義自己是好女人或壞女人。從大學開始一直到博士班，我都會選修一兩門關於女性主義的課程，很早就在研究社會如何以價值意識形態在控制女性。如果，我仍被這樣不合理的意識形態所控制綁架，那我如何面對我長久以來的學術訓練？如何認同自己是個知識分子？

## 回美尋找自由，也是自我放逐！

學校教育讓我漸漸脫離性別角色框架，我期許自己能跟著自己的意志走，能慢慢發展自己，做自己想做的事，而不是因為性別而決定自己的人生方向，讓社會規範價值決定自己要做什麼或不做什麼。**我覺得人生的方向，比較高的決策原則，應該是基於「愛」，為自己所愛而盡心盡力，無論是愛一個人，愛一隻動物，愛一株植物，愛一份工作，甚至是愛一種生活方式。為自己所愛而奮鬥努力，人生就比較可以無憾無悔。**

所以，我以為我是為了愛，為了人與人之間情義而留在台南，而不是想成為貞潔烈女被歌頌讚揚，或壓抑委曲犧牲奉獻。朋友的說詞也有可能是為我的處境不捨抱屈，覺得我很傻，但我聽起來只覺得是在嘲笑我，笑我是個傳統無知的女子。我一方面生氣她的扭曲貶抑，一方面又害怕自己是否真的是傳統愚蠢，畢竟當時的我的確苦澀哀怨多於幸福歡樂。在那當下，我百味雜陳，不知如何是好，只能落荒而逃。

然而，即使我以為我以愛為圭臬，但人實在太複雜，想跟隨自己真正所愛是困難的，因為愛會變化，會磨損，無法地老天荒，海枯石爛，而要守要離，真實做當下的自己，其實都需莫大的勇氣，有不同的挑戰要承擔。當年不顧一切與C結婚，家人朋友雖然不捨，但沒有責難；後來要離開，我的母親與C的母親卻都說了重話，她們象徵一般人的眼光與評價。而我自己內心也很不安，總覺得深深傷了C，是自私的罪人，**雖然自己也是一身傷，但無時不時出現的罪惡感，讓我無法說無法談，也不想去面對自己傷。**

因此，剛畢業那一年在台灣找工作不順，也沒很在意。家族多數以主流社會價值規範為生活依歸，在地立足生根一代一代發展，我離經叛道，他們需要時間調適。我的家庭與C的家庭應該代表著台灣社會多數人的想法，無論去到哪裡，我可能都要面對類似的譴責或眼光，紐約夠遠夠大，可以讓我藏躲，而Bill的想法以及生活方式不太受社會意識形態驅使控制，也相對自由，就決定先回紐約，某種程度也是自我放逐吧！

為了尊重父母，我仍要Bill來台灣與我父母見面，他們非常反對我與他在一起，因為年紀大我太多，又沒有正職的工作。我媽說之前的婚姻已經是個錯誤，警告我不能一錯再錯，不惜威脅若堅持要與「遐咧外國人做夥」，家也可以不要回了。我頓時間，覺得失去了兩個家，當時紐約還沒讓我有家的感覺，沒有家人，沒有社群，沒有工作，只是個可以與過去暫時隔離的地方。

## 和C分享禪修體驗

回到紐約，我去東初禪寺打坐的頻率更高，禪三、禪五、禪七、禪十四，各種禪期都盡量參加，週末也跟著Bill到禪寺打掃打坐一整天，每次禪修回來，心處於安定和諧狀態，有所領悟時，就透過電話與C以及家人分享。C聽到我禪修的體驗，非常興奮地說：「你所說的經驗我在書上都讀過，但你讓我確信這是真的，而且是可以達到的境界，謝謝你。」我們之間因為學佛禪修靜坐體驗的分享，越來越親近，他也養成每天晚上睡前打坐的習慣，我們成為尋找生命之道的朋友，保持電話長聊，一直到他生命結束的前一天深夜。

**與C之間的關係變化，讓我深深理解，與人之間的親密不一定要擁有彼此，不一定要近距離相處，而是對存在意義的共識，真心希望對方能往自己想要的生命境界前進。**

不過，同樣是分享靜坐的體驗，我媽就會潑我冷水說：「你剛坐禪回來才這麼歡喜，啊你不去坐禪的時候呢？還會這麼快樂嗎？」其實當時我強烈希望C與母親也都能學習打坐，他們都是我很親的人，希望他們生命會越來越美好，但我媽向來務實理性，精於算計，又擅長洞察人性的黑暗面，不輕易相信任何人，要影響她，改變她相當不容易。但這次我覺得她很有智慧，能指出一次禪期產生的快樂效應並不會持久。只是我仍不想放棄，希望有一天她願意嘗試打坐，就回問她：「你早餐吃飽沒？」

「當然嘛吃飽啊！」她覺得莫名其妙，我怎麼突然轉移話題。

「那你中餐還要吃嗎？」我與她越洋電話時間，通常是紐約夜晚，台灣接近中午時間。

「廢話，當然嘛要吃，你哪吔問這有耶無也！」她有點不耐煩，說越洋電話很貴，就講這些不關緊要的事。

「那你早餐吃過了，為何還要吃中餐？」我不理會，繼續問，不自覺回到大學參與辯論賽時咄咄逼人的質詢模樣。

「腹肚會餓啊！」我媽很誠實，完全不設防。

「所以啊，坐禪就像吃飯一樣啊，只要定時坐禪，就會很快樂。」我俐落下結論。

當時我有點得意，覺得找到我媽會懂的語言，讓她明白，現在反而覺得自己實在急躁好強，總是這樣得理不饒人，讓人無可辯駁，無話可說。不過，雖然她後來還是沒打坐，但會坐在她的搖椅上念佛，或只是安靜閉目坐著，自然進入睡眠狀態。而我媽的話至今讓我印象深刻，簡直醍醐灌頂。我回台灣教書的前幾年，同時要面對工作適應、與Bill的關係磨合、C病逝、小狗嘟嘟意外車禍、父母病老離去這一件又一件人生危機，很難維持定時打坐的習慣，終究失去了平衡，身心敗壞，媽媽當時對我的質疑清晰浮出腦海，讓我乖乖地又回到禪堂打坐，將靜坐擺在生活的日常。

在紐約滯留期間，除了禪修帶給我莫大療癒之外，另一個對我影響甚深的經驗，是跟著Bill學習認識夢與歐曼的小團體讀夢方法，至今我持續帶領讀夢團體，它應該會是我一生的志業。

過了將近二十年，我看見三十九歲時，在紐約放逐沒有專職工作的一年半期間，對我後續的人生以及職場生涯影響非常深遠。我翻譯、學夢、打坐、將博士論文改寫在重要期刊發表，表面不事生產，但其實就像植物往地下深處默默扎根，對於後續狂風暴雨不斷的現實人生，有不可思議的穩定作用。

# 34 回台灣教書的契機

博士畢業一年後的一個冬日凌晨兩點多，睡夢中被電話聲驚醒，當時沒手機，有線的電話機聲音很大，接起電話傳來的是在台灣工作的大學同學聲音。我嚇一跳，以為發生了什麼大事。雖然與這位同學熟識，但從沒有通過越洋電話，他也沒有我紐約的電話號碼，後來鬆了一大口氣，是通知我台灣某科大剛成立社工系不久，正在徵聘師資，要我去面試，他說很少人知道我紐約電話，是後來詢問我家人才找到。

當時社工師法通過不久，全台大專院校都積極在成立社工系，師資很缺，又有另一位已經在大學教書的同學推薦，我直覺錄取的機會很大。那兩位同學都是認真嚴謹、在社會上已有成就的人，沒有把握的事他們不會說。同學的熱心，家鄉的味道，透過電話傳入紐約的寒夜，我不再能睡，Bill也醒來，想與他討論，但他板著臉說他必須早起寫作，很不想被吵醒，明日再說，早睡早起是他不可侵犯的界線。

那時Bill已失業半年多，他上班的企管顧問公司營運有狀況開始裁員，夜間秘書助理工作並非要職，必然是首當其衝。他並不喜歡那家公司，總是批評公司的管理者唯一的價值只有錢，是一群沒有靈魂的人，他為了生活，不得已在那裡工作。因此確定被資遣時，感覺是矛盾的，既解脫又驚慌。僥倖的是，他的房貸剛付清。在曲折複雜的情境下，他在紐約房價相當低廉的九〇年代，以幾萬美金買下住了二十多年的一房小公寓，雖然房價不高，但他沒有存款，申請了期限很長的房貸。我建議他每月盡可能地還本金，減少利息支出，沒想到一還完房貸的當月，工作也跟著結束。

他申請了十三個月的失業補助金，開始在自己公寓裡帶領讀夢團體，收學員少許費用，加上我分擔一些生活費用，暫時沒有經濟困難。五十六歲的他，充滿活力，蓄勢待發，參加夢團體的人越來越多，原本每週二，因人數爆滿，又增加週四晚上，早上依舊可以寫作，他覺得終於可以依賴自己喜歡做的事維生，不打算去任何公司或機構上班。

他對於經濟的算計天真樂觀，而我則相當保守，覺得一旦他的失業補助結束，以帶領夢團體的微薄收入根本無法在昂貴曼哈頓過生活，但他不以為然。他學夢老師歐曼建議一場他帶領的夢團體至少要收費五十美金，他則僅收二十元，學生或失業的人，他也不收費，而且供應水果與核果，其實沒什麼盈餘。

## 決定回台灣教書

我依賴少許存款維持基本生活，雖然跟著歐曼與Bill學夢帶團體，去禪中心打坐，平日書寫翻譯，這樣的生活，其實充實且與自己很靠近，但無法持續太久，終究得找工作。另一方面也想家了，家人都在台灣，從來就沒有打算要在美國定居工作，只是人生的發展並非我能預期。

我與Bill的關係不像傳統的婚姻、愛情或家庭，比較像兩個孤單的社會邊緣人結伴而行，我們有共同的興趣，寫作、打坐、讀夢、讀書，但我們仍無法依賴這些興趣換取生計，經濟的焦慮一直在背後作祟，加上我與他的性情、生活習慣、年齡、以及處事方式差異實在太大，衝突爭吵不斷，關係相當不穩定，不知道能同行多久，幾乎隨時都可能分手。

我投了履歷到同學推薦的學校並專程回台灣面試。Bill一直說我一旦進入學術界，就會失去自己，失去靈魂，放棄學術的他，對學術界貶抑不信任，覺得那是一個明爭暗鬥，求名求利，虛偽不真，會讓人僵化無聊的地方。他對學術界的部分看法我其實是認同的，也有些擔心自己會不會成為一個庸俗沒有靈魂的學究。

但我過去在大學以及研究所十多年當學生的經驗，比起大學畢業後四年的社會基層工作，比起在台南五年左右的課後補習老師生活，在大學校園的日子相對地能讓我比較好奇不無聊，也比較有機會遇到有趣的人，只要離開了大學一段時間，就會想念它。我還不知道在大學當老師的滋味是什麼，是否不同於當學生的感覺，是否如Bill以及他的一位藝術家朋友所預測，我會逐漸腐化僵化、失去自己、失去靈魂。

他的藝術家好友，也是取得博士後在義大利的大學教室內設計多年，在中年時放棄教職、離開家鄉到紐約畫畫，努力要成為一位專業畫家。她在西33街租了一間大的舊倉庫當畫室、畫廊，也住在裡面，經常辦party，廣拓人脈，希望能以畫畫為生。我對她的生活，她的風采、她的勇氣頗欽羨，但我沒有任何才華可以成為她的樣子。

另一方面，因為常去她主辦的party，也多次與她一起讀夢，也會看見她的疲憊孤單，看見亮麗背後的困頓與茫然眼神。Bill和他的藝術家朋友已勇敢啟程走了一大段路了，但都仍在掙扎中，而我什麼也沒開始，我的人生與他們不一樣，我必須走自己的路。

面試過程很順利，很快就收到學校錄用助理教授通知，我不顧Bill的強烈反對，七月底一個人離開紐約回台灣，二〇〇二年八月一日到位於霧峰的科技大學報到。從步調快、競爭激烈、一不努力就會覺得趕不上時代脈動的紐約，到僅有一條熱鬧大街的霧峰鄉下，我突然覺得很放鬆。學校在山坡上，報到那天，看見紅蜻蜓飛滿校園，自從九歲搬出農村到城市之後，再也沒有看過這麼多的蜻蜓，尤其是紅色的蜻蜓，那是悶熱夏日感覺就要下雨的午后，我熟悉的空氣，熟悉的溫度，熟悉的台灣鄉下味道，我彷彿回到很久很久以前的自己。

我暫時住在父母家，但當時的交通還不太方便，八卦山隧道尚未通車，國道三號在霧峰也沒有交流道，從父母家開車到霧峰要跨過一座山，得開一小時車，若走平地路線則至少要一個半小時，我決定在小鎮租屋，沒多久就在霧峰古蹟林家花園附近，找到一間寬敞的公寓。而Bill幾番掙扎，在我工作三個多月後，買了單程機票到台灣開始適應他的異國生活。

## 和家人修復關係

經濟獨立之後，各方面好像依序也跟著獨立了，而且更神奇的是，與父母之間的緊張關係也逐漸消失。因為有了正式工作，經濟可以自主了，就將在美國銀行戶頭剩下的六千美金換成旅行支票，全數還給他們。

我們家有一個潛家規，父母給錢都有特定用途，用剩的要歸還，例如買東西找回的零錢，除非父母說給才能拿，那六千美元我當作是他們長期以來資助我留學用剩的，老實歸還。然而，當工作與租屋都確定之後，爸爸要我自己去挑喜歡的車，媽媽用她私房錢幫忙買電器家具，兩人又主動經濟協助職涯剛起步的我，他們好像可以忽略「那個外國人」的存在。

有一位猶太裔的朋友問我，當初如何化解父母以斷絕關係威脅我不可與Bill在一起？我愣了一下，實在想不起來我做了什麼，或許我心裡一直明白，只要我把人生過好，他們不再擔心我了，或者我被外面社會接納，他們不因我而蒙羞，就會接納我。而或許最重要的，是我回家了，就在他們的視線範圍，能看得見就是一種安心，多一點時間相處，關係自然慢慢修復。**人經常會用生氣來掩飾他們的焦慮恐懼，用威脅控制減低自己的不安，父母當然也不例外。**

與C的關係也更和諧，回到台灣電話費比較便宜，拿著話筒聊天的時間與頻率更多，因為他的同事女友也會每天晚上打電話與他聊一下，如果是我主動打，通常會問：「她打來了沒？」，若還沒，就會匆匆掛了電話，等他與「她」聊完，再回電話給我。他父母都屆齡退休與他同住，三人各住一個房間，覺得他應該不孤單。學校開學後，我一個人帶著小狗住在霧峰一段時間，他曾開車到霧峰來看我，順便幫我一起拼裝組合剛買來的鞋櫃。那天是二〇〇二年十月二十日星期天，黃昏他離開後我手寫了一點日記：

C來訪，好複雜的滋味……

很親切，很投緣，也有話聊，只是肌膚不再碰觸，保持身體界線，保持著情緒界線，就怕過去深濃的情感再度湧出。

兩人都情深義重，但生活為何如此沉重？兩人身體都衰老了，我的生命力已燒盡，這樣的身體已無力日夜擔憂C的安危，時時刻刻活在死亡的籠罩下。現在只求能安穩過日，希望C也平靜地生活，珍惜過去那樣純摯的感情，未來的日子，就盡量別再起心動念了！

很久沒掉淚了，原以為一切會慢慢淡然，而原來心仍是很痛很痛。得了嚴重的乾眼症，以為淚水已在過去十餘年流光了，也許泉水尚未乾涸。

都過了十七年了，將這篇短短的日記打在電腦螢幕上，仍得費好大好大力氣，這段也擱置很久，寫了很久，才能寫到這裡。那是我們最後一次……見面……

寫到「最後」兩字，情緒又激動，無法繼續寫。事實上那次並非真正的最後一次，是兩年後，他閉上眼睛，不再能睜開眼看著我……。

## 在夢裡，知道有個完整的自己

回台灣在大學教書至今，我經常問自己，我有沒有如Bill以及他的藝術家朋友所預言會lose my soul？有靈魂的時候，活著是什麼狀況？沒有靈魂的時候，人的存在狀態又是怎樣？

韋氏英英字典解釋soul是指人的靈性，那什麼是靈性？寫《好好存在》時，我曾粗淺研究什麼是靈性，發現前人的解釋相當具體易懂，他們認為靈性包括希望、信心、喜悅、愛、好奇／疑惑、接納、感恩、原諒、創造力等，與他者之間有連結，有關意義感，是人類與生俱有的。坦白說，我有時覺得我的靈魂好端端的，一塊也沒少，但有時卻很迷茫。若靈性的反面是絕望厭世、無能無力、空虛、悲傷、生氣憤怒、嫉妒、自大傲慢、兇惡、貪婪、恐慌……，那麼這些感受與存在狀態仍不時出現在日常生活裡，有與沒有之間，反反覆覆不斷循環著。

對我而言，身心安好地活著並不容易，一路走來傷痕累累，這些傷經常被忽略，特別是心靈的傷更少被注意，或許是沒有能力看見。因為沒有及時療傷止痛，因為不平衡的生活，我的身體，我的心靈都曾經瀕臨崩潰的邊緣，接近五十歲時，除了被恐慌症突襲之外，一場突發的病也震撼了我。當時輪值系主任工作，正在英國學術交流，行程結束前幾天，一邊的聽力突然完全聽不見，而且對噪音相當敏感，即使只是微弱的風，都會讓耳朵隆隆作響，只要醒著就很不舒服。有人說是耳中風，也有人說是病毒感染，原因不明，如果無法治癒，我就無法繼續教書，無法繼續帶喜愛的夢團體，既有的職涯都必須結束了，而讓我更害怕的是無時無刻的耳鳴，如雷聲，如盛夏蟬鳴，不知自己能忍受多久。還好一兩個月的治療後，聽力與耳鳴狀況都慢慢改善，聽力幾乎完全復原，但耳鳴至今仍無法根治，像是身體的偵測警鈴，身體累、睡眠不足、或覺得勉強自己時，就會變大聲。

是的，回台灣進入學術界是有風險的，但留在紐約是否會比較安全，這不會有答案的，人生無法回頭。但因為有Bill與他朋友的警告，我經常會問自己，我的靈魂是否還在，甚至成為我的研究議題。若能感受到靈性，那是否表示靈魂也還在？**我相信靈性是每一個人與生俱有的能力，因為我發現，只要好好睡一覺，清晨打開電腦寫作，專注**

走一段路、認真吃一餐飯、全心投入上一門課、帶一場夢團體、與親人好友歡聚、帶小狗散步、靜坐一段時間等等等，希望、喜悅、愛、好奇、感恩、創造力等靈性經驗自然就會來了。只要能睡就會有夢，夢會提醒我與靈性的距離是遠還是近，夢讓我明白，內在深處有一個完整的自己，是永遠不會消失的。

# 35 好好活著，原本就不是理所當然

憶起往事，一字一字慢慢打出來之後，覺得往事沉積的重量慢慢減輕。相當驚訝，因為想要寫信給你，希望你能在茫然的時刻穩定下來，發現自己的路，卻沒想到我寫起了往事。看見當時的我與身邊每個人的能力、心眼胸襟、智慧、以及能做的就是這麼多，誰也無法做得更好。而且從此一生，每個人都必須承擔所有決定的後果，誰也逃不掉自己的因果，無論是好的，無論是不堪的，怨自己或怨他人，都無法改變什麼。

家內的事，大家都報喜不報憂，少有人有勇氣面對自己陰暗、羞愧、脆弱、兇殘、貪婪、暴力的一面，或許也沒能力看見。但這些陰暗角落一直被忽略，草率掩埋，反而更容易大量複製繁殖，最後吞噬一個人，甚至傷害家庭與社會他人，這是人類普遍性的悲劇。

但書寫不堪的過去，確實也暗潮洶湧，遇到很難受的事件時，就必須停下來，彈個吉他，讀點小說，再喝一杯咖啡，吃點什麼，或出門走走。而且，自從開始寫信給你之後，內在開啟了一個世界，心境開始與繁華的紐約格格不入，我一時之間，無法與周圍一切連結。

每日睡醒在家寫、讀、彈吉他、做一點家事之後，都已經黃昏四、五點，但陽光還很亮，仍有熱度，這時候我與Bill一定會出門走路，每次都往不同的方向走，觀察城市的變化，北美夏季要到九點左右才完全落日，離天黑還有三四個小時。昨日突然覺得時間很快，再一週就要打包回台灣了，就想去買點什麼，但進入第六大道一家大型的家用品百貨逛了一圈，空手出來，又去了最喜歡的二手書店Strand，也是空手而歸。整個曼哈頓，眼睛能看見的，都是商品，吃的、喝的、穿的、住的、娛樂的……數不清的各式各樣商品，但都引不起我的興趣。我不想吃什麼，喝什麼，不想多擁有一件衣服，一雙鞋子，一個皮包，甚至一本書。

可能也是不想再花錢了，這趟出國，已經花了太多錢。此刻，我們公寓廚房水槽不通，請人來疏通，估價五百美金，我們都覺得很貴，不可思議的貴，Bill猶豫不決，一直拖了好幾天，下不了決心修水槽，我們自己試了多次也沒成功，而他的銀行存款只有幾千美金。加上Bill因為不小心，違反大樓管理委員會不能隨意讓人居住的規則，被管委會罰款一千五百美金，這讓Bill很生氣，一直說他們是「壞人」。我看在眼裡，覺得很悲哀，彷彿我們又回到最基本需求都不能滿足的金字塔底層，這時候再去買奢侈品，覺得怪怪的。

## 「每天就這樣過，其實就很幸福啊！」

這一連串討厭的事件，加上早期留學時，C疏忽沒買醫療保險的悲劇，讓我覺得住美國很沒有安全感，一不小心，可能就傾家蕩產一無所有。或許到哪都一樣，只要我們稍不注意，或是無知自以為是，不願意多收集一些資料確認狀況，就得付出巨大代價，這些層出不窮的生計問題，好像不斷要提醒我，好好活著原本就不是理所當然。

昨天黃昏，走在高樓矗立的大城市裡，雖然寬廣人行道上滿滿快速流動的人潮，但我還是覺得很失落，沒有任何連結，沒有任何認同，眼前一切與我一點關係也沒有，覺得這個城市雖繁華但卻冷漠沒有溫度。「沒錢的人滾出紐約！」，我想起之前有一任極右派的紐約市長這麼說，某種程度，Bill是這樣離開紐約的，而C也是因為沒錢在美國醫病維持生命才不得不放棄學業離開的。我一次一次目睹，錢與活著的機會與尊嚴緊緊相扣，大概因為這些創傷經驗，讓我對於花錢總是不安，我不想隨意花錢，但也不想成為錢奴，做不喜歡的工作，這需要毅力與努力，才能逐漸掙脫錢的束縛。

我靜靜地走路，有風的曼哈頓夏日黃昏，炫麗的櫥窗，街上的人潮都無法吸引我的注意。我再一次問自己，我是誰，我想做什麼？最後的答案竟然只希望能有一大把時間隨意讓我寫，寫到我不想寫，然後繼續讀喜歡的書，眼睛累了，就彈吉他、煮飯、清掃，靜坐，然後出門走路，就像現在這樣走路，每天就這樣過，其實就很幸福啊！呵呵，我好像又發現了一點自己，又有新的人生目標，只要存夠了錢，就要這樣過生活，過到膩了為止。

今天就寫到此，廚房正在修水槽，機器聲音很大，無法繼續。昨天我們請的人將水管都換了，還是不通，他不好意思收全額五百美金，只索取兩百七十五美金，但仍是不通，說是阻塞的地方是我們公寓外面的管線，他沒能力疏通。水槽不通竟然這麼複雜，累積的髒東西都已經硬化了，非常困難疏通，這不就像我們髒亂沒處理的過去？但更難的是，阻塞硬化的地方並非自己公寓，是公共空間。唉，人是社會動物，相互扣連，真的不是自己想過好就能過好的，環境對我們的影響巨大，但願有解！

# 36 阻塞的水管和灰頭土臉的人生

昨天來修理水管的人無法解決問題，說阻塞的部分已經不在公寓裡面，要請更大的公司來處理，Bill立刻打了電話給他轉介的大公司，還焦慮地問，我們需要準備多少現金？但那公司接線人員回答說，只要碰到大樓的公共空間，必須由管委會打電話，才能動工。

由於我們的房子是co-op，別問我什麼是co-op，我到現在都還沒搞懂，只知道我們每個月得付管理委員會八百多美金，而且這個費用每年都在調漲中，這是沒有管理員，也沒有電梯的百年舊公寓。前幾天我才與一位在紐約定居的大學同學小聚，她很能幹，口才相當好，穩重讓人信任，大一就贏得班上同學的一致認可當班代，我們在一下被學長指定代表社會系參加新生杯辯論賽，三位隊員都是女生，她總是擔任結辯的角色，一路打到總決賽，全校共二十一系，我們榮獲第二名，特別是打贏完全由男生組隊的法律系時讓我們很興奮，與她有點類似一起打仗的戰袍情誼。

當年C在美突然急診住院時，我悲傷慌亂不知如何是好，她正好在紐約當醫院社工，給我不少資訊與協助。此刻回想，我一路走來，在關鍵時刻總有朋友真誠相助，每個階段都有幾個交情不錯的朋友，即使平時少聯絡相聚，但一有需要，朋友都會鼎力幫忙；「出外靠朋友」這個道理完全實踐在我的現實世界。

同學說，根據這裡的法律，水管阻塞的部分若在個人的公寓外，管委會就要負責，而且必須找有證照的水電專業人員來處理。我猜，Bill從五金雜貨店老闆介紹來的人，應該是沒有執照，但他為了要賺我們的錢，又不主動告訴我們細節，只是說他收費比水電公司還便宜。

## 阻塞的水管，阻塞的心靈

我綜合一些觀察以及從同學得知的法律資訊判斷，管委會必須負責修繕公寓外的水管。果然Bill打電話給管委會辦公室說明狀況之後，管委會立刻約好他們專用的水電公司，確定隔日早上九點就會來處理。原來法律知識這麼有力量，但是當你不知道你的權益時，也不會有人主動告訴你，甚至有人會故意瞞你，從中賺取利益。

管委會派來修水管的是一個很高帥的年輕人，像王力宏那種體型外表的年輕人，有很燦爛的笑容，他說話語氣讓我覺得是個溫柔有耐心的人。他放入一盞亮燈在水槽下，將多數管路拆除，鑽入狹小空間探測，發現裡面的水管被鏽屑塞住了。這幾年，我們很少住在這公寓裡，因此，這些鏽屑慢慢累積凝固，他必須用特殊的電動機器，連接一條纜線，他們稱為snake，用這條纜線像蛇一樣鑽入水管，讓這條粗的纜線藉著電力擊碎這些凝固的鏽塊。年輕人說他從沒看過這麼堅硬且厚的水管阻塞，看他一試再試，滿頭大汗，臉紅通通，手套已經黑漆漆，濃眉深鎖，我一度覺得可能沒希望了，又得叫更大的水電公司，更大的機器，已經不是小手術，必須大手術了。有些事情，我很容易放棄，不能堅持，總是提早做最壞打算。

但這年輕人並沒有放棄，多次坐在廚房地板休息一會兒，喘口氣，又繼續。最後他與他的夥伴商量，決定將水槽下與牆壁相連的直徑約三吋的大鐵管先切除，他需要更大的空間將纜線深入水管，另一位看起來職位比較高的夥伴點頭同意。年輕人有了更大的空間工作之後，打碎鐵鏽硬塊的速度明顯不同了，只是那聲音非常大，每一分鐘對我而言，都是折磨，時間過得很慢。

大約一小時之後，終於，年輕人笑容燦爛地宣布 **I got it**。我與 **Bill** 同時從椅子上跳起來快步衝到廚房，驚喜地感謝他們。他們十一點多進來——原本約早上九點，但臨時被叫去處理其他地方緊急漏水問題——此刻已經下午三點，他們已經工作一整天，應該連午餐都沒吃，完全沒預料到疏通廚房水槽需要這麼多時間，但那一刻，我看不到他們的疲憊，只有滿臉完成工作後的放鬆、自信與歡喜。

我問他們，紐約這兩百年的巨大城市，有很多舊大樓，像我們家這樣的問題是不是很多，你們工作是不是接不完？年輕人回答說：**We always have jobs to do, never stop.** **Bill** 問他們喜不喜歡紐約？他老是喜歡問人家這種很黑白的問題，對多數人都有點難回答，哪有人會完全喜歡一個地方或討厭一個地方的，就像我們很難完全喜歡一個人，或討厭一個人。

結果，那個階級比較高的，看起來稍微世故的年輕人皺眉不以為然地搖頭說：「紐約外表看起來漂亮，因為已經被翻修很多次，但建築物裡面、背後的管線都是舊的，都是最原始的，幾乎從沒換過，很多沒人看見的地方，都亂七八糟。」

聽到年輕人這樣回答 **Bill**，我好像有什麼地方被敲到，睜大眼睛看著他們，忽然覺得與這兩個年輕人很親近，我們之間似乎有些什麼共通的東西。**這麼多年來，我一直往**

**眼睛看不見的內在深處探索，藉著夢，探尋人的集體潛意識，某種程度，與他們在水槽下，在地下室、在大樓的陰暗角落工作，疏通阻塞的管路，讓大樓可以順暢，讓人可以好好居住生活，好像也差不多。**我看著年輕人頭髮、衣服、手套都是深棕色的鏽斑，心想，你我的工作，經常陪伴他人走一段艱難路的過程，不也經常灰頭土臉，沾滿晦氣。

而我們從出生開始，一年又一年的成長過程，是否也承受了無數的焦慮不安，甚至苦難。**沒有療癒的創傷，沒有和解的委屈，若一直盤據在我們的心靈空間，不就像水管阻塞一樣？**那一刻，我對眼前兩位長年在陰濕暗黑角落打通水管的年輕人，除了感謝之外，由衷升起濃濃敬意！

## 37 一加一並不等於二，是無限可能

廚房水槽通了，我與Bill都大大鬆了一口氣，雖然我們沒有將身體縮進水槽下，雙手握著笨重機器控制電動纜線打通水管，但不知道為什麼，工作人員一離開，我們都很累很累，疲倦不堪。我切一些哈密瓜，Bill找出冰箱裡剩下的Cheese，倒了兩杯apple cider，就坐在地板上，邊吃邊聊起天。後來Bill累到不行，要睡一下，我還沒有學會午睡或白天小睡的能力，雖然我已經意識到這個能力對身體與大腦的修復相當重要，但我仍無法在白天很疲累的時候，像Bill一樣，一躺下來，一分鐘內就能睡著。我推論，睡覺能力是像Bill這樣與社會難相容的人，能夠存活下來的關鍵保護因子。

當時已經黃昏五點多，我一整天陪著Bill處理水管問題，在旁standby協助，不敢出門。過去種種的人生經驗，我強烈感受到團隊合作的巨大力量。面對比較困難的問

題，即使只是兩個人，互相合作的力量遠比一個人大許多，在重要時刻盡量別放下讓另一人承擔。我發現「1＋1＝2」的算術其實也有不通之處，或者有其限制。例如**兩個人的智力、眼力、感知力……，彼此所擁有的資源若都能統整在一起，那力量可能是2的無限倍，根本不可計量，能完成一個人難以達成的目標。**

## 看見兩人一起生活的意義

兩人的力量相加統整並不等於二，是等於無限的可能。我與Bill的差異相當大，年齡、性別、種族、專業背景、文化環境、性情、原生家庭、價值習慣等等等的不同，遠比與C之間大很多很多。我們認識二十年，至今一起生活將近十八年，說真的，相互磨損與相加乘這兩種情境，此起彼落，不分軒輊。

我與他的性情都強烈，從兒童發展學觀點，大概都屬於「麻煩難養的小孩」（difficult child）類型，加上人生都有重大創傷，情緒反應度特別大，隨便一點小事情，都會擦槍走火，造成激烈爭吵。這些年來，多次失控，多次提分手，但總有什麼意外的事件又發生，再度將我們拉回。或者，我去禪寺靜坐幾天，心一靜下來，身體舒暢，無缺無求，進入存在的美好狀態時，就會感恩一切，包括一些不愉快的事件，這時候，就會放下之前的爭吵，看見不同的事實面向，看見兩個人一起生活的意義。

其實這水槽不通的問題，我五年前的日記就已經有記載，當時並沒有這麼嚴重，就得過且過，一拖再拖，直到現在完全不通了，才不得不面對。年輕人說他從來沒看過這麼堅硬難疏通的阻塞，但還是成功了。我有點不敢置信，這個困擾多年的問題竟然能徹底解決，百年的水管都可以修繕，我對Bill的老公寓、對紐約的感覺，對於Bill的固執不通，對自己種種的失望與不滿，好像又起了變化，又有了希望感。

我無法像他一樣睡覺，家裡還髒兮兮，仍能感覺到機器隆隆的迴音，空氣裡有了一股腐朽水管鐵鏽味，很想出門透氣，但要去哪呢？已經快晚上六點了，一個東方矮小女子走在紐約街上，我總有些安全顧慮，無法去太遠的地方。但在國外這段期間，每天都一定外出走幾小時路，東看西看，買點吃的東西回來，這已經是一種習慣，一種必須，只是多數兩人一起進出，現在我一人，去哪好？大腦轉一圈，很快有了答案，覺得自己一個人去熱鬧的市區逛街，應該很安全輕鬆。

我快速洗臉，抹點乳液，塗一層隔離防曬與護唇膏，套上「白色上衣」，寬鬆淺橄欖色的麻質長褲，雙腳套入鞋面寬板X型的厚底拖鞋，不到兩分鐘，就準備好可以出門。那白上衣就是約三年前，我在小鎮一家連鎖服飾店偶然發現的那款長袖、棉質、有領子的套頭寬襯衫，前胸僅有一個扣子，有點正式，又不像一般全開以鈕釦連接的襯衫那樣拘束。我一直喜歡看別人穿白襯衫搭牛仔褲，但不知為何，自己一直不敢這樣穿。白色讓人覺得潔淨、輕盈、透明、顯眼，很容易被看見，好像只有皮膚很好，陽光正向，有精神，臉會化裝，儀態端莊優美的人才穿得起來，但這些都不屬於我。

衣服對我而言，比較大的任務是把我隱藏起來，別讓他人注意到我、打量我，別將目光多逗留在我的身上一分一秒。但三年前，當我試穿那件白上衣時，鏡子裡面的我覺得還好，沒有很不協調，我也想挑戰一下自己，挑戰那個害怕穿白色衣服的自己。我好像成功了，已經連續三年，與白色的關係變了，與自己外表的關係也不一樣了，我很快速更衣出門，不像之前總為穿什麼煩惱，輕鬆自在獨自一人逛街去。

## 38 白色的聯想——恐慌症的突襲

忍不住問自己，為何有那麼多年怕穿白色衣服，但又覺得他人穿白色很美？或者自己不開白色的車，卻覺得白色的車很好看？

從長遠的人生來看，這其實是小小的不自在，微不足道的事，但對於下定決心要免於恐懼，免於各種不自在的我，**「羨慕他人」的感覺一升起，是回頭認識自己很好的切入點，「羨慕」反映了自己的欲望，缺憾、甚至不滿**。當我發現自己竟能與白色共處，也不再羨慕他人穿白色衣服時，那對我而言其實是一個大勝利，是大解放，不是小事。

我少有白色的衣服，我媽常誇我姊穿白色好看，總說：「她白色穿也起來」（台語），表示撐得起這個顏色，也就是人與衣服的色調是和諧的，但她從來不曾說我穿白色衣服好看。白色很容易被注意，一舉一動都很明顯被看見，讓人覺得純潔大方，只有端莊優雅的淑女才適合穿。我年紀小，笨拙，吃東西時只注意食物，急著吃，衣服很容易沾到食物的醬汁，要為我清理、洗澡、洗衣的忙碌大人們應該不會自找麻煩讓我穿白色衣服。而且我小時候胖，寬肩、濃眉、大臉，長得像男生，會爆怒爆哭，或許媽媽也不覺得我穿白色好看，只會讓所有的缺點更明顯。

我沒有印象小時候有白色的衣服，長大能自己買衣服之後，也少有。事實上，在上大學之前，我也不太記得我有什麼漂亮的衣服，大部分是接收姊姊們的舊衣。糟糕，又覺得自己像是灰姑娘了。

忽然想起，小學、中學、高中，我們夏天的制服好像都是白襯衫，為何我一點記憶也沒有？我怎會這樣選擇性記憶，以為我從不穿白色的衣服？這到底是怎麼一回事？中小學的制服上衣應該是白色沒錯，可能對嚴格制式學校生活排斥，連強迫穿的制服也抗拒，或許我從沒有將學校制服稱為「衣服」，也可能是全校都穿白色，其實就是一種隱藏，不會因為白色曝光度高被看見。我有點訝異，完全不記得我穿了很多年的白色學生制服，**我長期以來所認定的一些事實，後來仔細核對，經常不完全正確，總是選擇性地去記憶過往**。寫的過程，我經常見識到自己的認知偏執與哀怨自憐。

長期以來的焦慮，沒有安全感，常惡夢驚醒，可能是天生性情使然，也可能諸多外在因素。九歲之前住在農村的外婆家，沒有自來水、沒有瓦斯、要從井裡打水、是資訊封閉的社會。我爸在小鎮開了一家小鐵工廠，剛開始只有一台機器，媽媽說那是用他們婚後多年購置的一小塊田抵押買來的，他自己是老闆兼焊接師父、鐵工、掃地等多重角色，總是忙到三更半夜，家裡五個小孩全靠媽媽照顧，她一個人當然忙不過來，必須動員所有小孩幫忙做家事。年紀越大的小孩，承擔的家事就越重，但是，相對的，在家裡的地位也越高。大姊與大哥在十歲左右應該就已經升任我媽的大將軍，是關鍵的左右手，比起哥姊們的手腳靈活，身體強壯，我永遠是比較不能信賴的助手，我媽不會將重任交給我，或許這也是我少有自信的原因之一。

## 恐慌症發作的那一晚

這種焦慮沒有自信的感覺，一直持續著，直到出國留學，讀完碩士，又進入博班就讀，感覺自己在世界的頂端，有那麼一段短暫的期間，對自己頗有信心，抬頭挺胸，對未來充滿希望，沒想到生命列車突然進入看不見光點的黑暗隧道。那焦慮已不是單純的內在心理問題，而是對生命無常不可掌控的畏懼，對所愛的人漸漸死去的恐慌無力。

四十六歲那年，我的焦慮達到顛峰，幾乎崩解。那期間發生了兩件讓我情緒相當激動的事，我申請升等副教授受挫，覺得委屈不公以及強烈的沒有安全感，但不久，約不到一個月，讓我更驚嚇的事發生，我爸因感冒引發肺炎，在醫院加護病房緊急插管治療。當時是我進入大學教書的第六年，從私立的技職大學轉到國立大學的第三年，學術以及專業生涯都剛起步不久，戰戰兢兢，不知道自己能不能在學術界生存，但當我爸病倒，我內外煎熬拉扯，無法安心外出工作，也再次質疑自己的人生是否往想去的方向。

有一個週末，我接了連續兩天台北蓮花基金會義工訓練，這個基金會主要目標是推動安寧善終，勇敢理性柔軟地面對人的生老病死。我帶完一整天團體之後，夜晚一個人住在台北公教人員會館，接到家人電話，爸爸病情又急遽下降，進入加護病房。當天晚上我很緊張無法睡，很擔心他撐不下去，那焦慮程度隨著入夜越來越強烈，好像要停止呼吸，感覺一個人就要死在那飯店小小的單人房裡。深夜一點多，我勉強下樓，請櫃臺幫我叫計程車載我到最近的醫院急診室，醫師幫我打一針鎮靜劑。我在急診室的窄小病床上睡著，到了深夜三點多醒來，呼吸就正常了，拿了幾包藥，又叫了計程車，深夜回到飯店。那天晚上我爸平安度過，我也倖存，隔日勉強完成我的工作。

台北工作結束回到台中家，我立刻上網搜尋研究前一晚發生的症狀，大概確定是得了恐慌症。恐慌第一次病發，就像是突來的大地震，一時間，身體失去了平衡與自主能力。事實上，也不是完全突發，因為大地震前通常會陸續有小地震，恐慌之前也是會有大大小小的焦慮，震後都會有一連串的小地震，我病發後一週也一樣，一次又一次來襲，大小不等。不過，人的恐慌症又不全像地震，一般而言，大地震過後，釋放了土地相互擠壓的張力，山川地理位置重新調整之後，就能穩定一段時間。但是，**人的恐慌症發作之後，如果畏戰不面對，只會越來越嚴重，讓人魂飛魄散**，就如Bill所擔心，靈魂將全面淪陷。

我既害怕又不甘心，努力半輩子，尤其主修發展心理學，也在大學教心理衛生的課程，竟然被恐懼擊倒。**恐慌發作時，一股陰風寒意從腳底迅速竄起，侵入全身，身體就像風一樣，飄來飄去沒有重量，像一粒微塵，沒有重心，消失，徹底地消失；意識像小小冰塊，在烈日下快速融化。那一刻，所有的俗世擁有，如學歷、職業頭銜、財產等都幫不上忙，無法將我拉回。**

不過，這個「不甘心」與恐怖感，也給我很大的力量，我下定決心，要面對我的害怕，要正面迎戰恐慌症，要近距離地面對、研究、分析、因應我各式各樣大大小小的焦慮。我先到教學醫院家醫科與一位醫師詳談以及做各種身體檢查，確認非其他生理因素引發，醫師開給我一個月的鎮定與安眠藥物，但病發第一週之後，我再也沒有依賴藥物，至今已過了十餘年，這大概就是「生氣」的正向功能吧。一輩子都在讀書教書，研究這個，研究那個，但是，很少客觀有系統地研究自己，與自己和諧相處，**恐慌症給我一個很大的藉口，終於可以心安理得近看自己，盡情地與自己同在，盡情地探索自己。我覺得這與「自戀」是不同的，自戀是某種程度地物化自己，例如被自己的外表、才華、特質、個性所吸引或自豪，但我所認為的「與自己在一起」，是安靜地陪伴，不評價，不侵入地去認識自己、感覺自己、漸漸地靠近自己，是與自己的親密關係。**

## 感覺空虛，也是改變的關鍵時刻

因為曾經對自己很生氣，很失望，很茫然，因此，當你難過地打電話給我，覺得人生空虛，不知何去何從時，我其實覺得有這種感覺也是挺好，雖然不舒服，但卻是改變的關鍵時刻。

所以呢？我更徹底認真地想，什麼才是此生最重要的？該怎麼過日子，怎麼生活，才能將自己穩穩安住，才能不慌不亂？這些問題，一直縈繞在我意識裡，協助我決定生活大小事，重新排列優先順序。我再度去打禪七，每年兩三次閉關禪修。緊接著幾年，我周圍情境快速變動中，我爸的病情穩住了三個月左右，在家休養，但肺功能衰竭，無法逆轉，最終必須住院仰賴機器呼吸。我很感謝他無論身體再怎麼病痛，都沒有輕言放棄，勇敢堅持到最後。他生病臥床了兩年多，不再能騎摩托車趴趴走忙事業，活躍在他的社交圈裡，我終於有機會好好與他說話，那期間是我一生中與父親最親近親密的時光。

因為父親生病，我升等未通過的痛反而是小事了。幸運的，在得知升等被否決之前已投稿的兩篇論文，幾個月後都通過審查在一級期刊發表，一學期後，我重新申請副教授升等就輕易過關了。升等對我最大的意義是工作有了保障，我不用掛心經濟獨立以及工作穩定性問題，學校有規定，到學校八年內從未升等，就得離開。工作確保後，我更大步地跟著心、跟著感覺走，更大膽開放，勇敢探索自己，無論是寫論文、寫他人的夢、或寫學生問題，我都會同時寫自己，問自己的感覺是什麼，問自己的位置在哪，自我反思回觀不僅是與自己親近，也經常讓問題更清晰呈現，比較容易發現問題解決出路。寫，幫助我思考，是我的研究方法。

我盡量找時間回家與爸媽相聚，每週至少要回家一次。爸爸離開後，我與兩姊經常一起約好時間回老家陪媽。她們比我更頻繁回家，承擔更多的照顧工作，我每週回去一次，就幫我媽洗腳，用熱水泡腳，然後修剪指甲，我只能做這些枝節末端的小事，像是洗澡的大工程，幾乎是姊姊主責，哥嫂們則承擔更重的日常飲食起居照料。

我們經常在二樓客廳泡茶聊天，大聲談笑，歡樂時光總是過得特別快，沒多久天就黑，姊妹就得各自回家照顧自己的小家庭。我媽經常酸我回老家好像「問豆油」，就是沾醬油的意思，隱喻我只停留一下就離開。我也覺得回家時間太短，離開時，看著她孤單地坐在搖椅上，總是無法大步離開。或者，已經走出家裡大門，坐進駕駛座，啟動引擎，大腦浮現她一個人孤單地在二樓餐桌上，與語言不通的外勞看護一起吃飯的畫面，就很難受。

一個人慢慢開車回台中，望著她還沒中風前，親自掛在駕駛座上方祈求我開車平安的鹿港黑臉媽祖照，眼淚直直流。面對病老、脆弱、憂鬱的母親，我能幫上忙的，就只有一點點，一點點……。

## 走過十年的狂風暴雨

我爸病逝後四年，二〇一四年暑假我媽因痛風的藥物過敏，意外驟逝……。爸媽兩人之間的緣分一定很深很深，一起生活六十年，生養五個小孩，兩人大體火化，正式告別人間居然同月同日。人世間很多重大的巧合，會讓我覺得天地間有某種巨大恆定的運行規律，我們能改變的其實有限，只能盡全力地去珍惜每一天。媽媽走得突然，我至今仍無法寫、無法近看那段日子，只要稍微想到，就情緒激動，鼻酸淚下，什麼也看不清楚。

此刻還能看見的畫面，是深夜十二點多，我與兩姊搭著大哥車，從台中榮總跟著救護車回家，二哥留守在救護車裡陪媽媽，因救護車速度遠比大哥的車快許多，當我們到家時，救護車已經離開，我看到你跪在和室，用手按著阿嬤的頸部，勇敢無懼、悲傷卻沉穩，我還不清楚發生什麼事，後來才知道隨救護車照顧的護士要求一位家人協助拔管後的傷口止血，你自願擔當這工作。那一刻，我很敬佩你，也很感謝你。當時你才剛大學畢業一個月，已經在法院上班當社工，這也讓我更敬佩社會工作這專業。

擔心父母與所愛的人死亡，是人生極大的恐懼。我回台灣工作兩年後，C在一個週六中午下班後在家午睡，當時規定週六上半天班，他母親黃昏時去叫他起床吃晚餐，但發現他已經沒呼吸。前一晚深夜我與C才在電話聊了將近一小時，怎麼隔天說走就走？接到他妹妹電話通知我的當下，我崩潰無法承受……。告別式那天，我開車載著C的母親、妹妹，以及女友一起送C到佛光山，C妹私下對我說，她哥哥一定做了什麼好事，竟有兩個女人這麼深愛他。

之後幾年，我父母親相繼病倒逝世，前後十年的期間，人生再度進入狂風暴雨，暗潮洶湧。我的工作，我的婚姻，我的身體，我們的家族，都動盪搖晃，這些壓力產生了可怕的交互作用，相互撕扯，覺得自己隨時都可能崩解。**我像洗腦般地不斷告訴自己，不要恐懼慌亂，一慌就會失去重心，茫然迷失，無法與周圍的人，周圍的事連結，一慌，生命就沒了靈魂，恐慌與瘋狂只是一線之間**，要努力穩住自己，陪伴病老無助的父母，讓他們安心。

我最終的心得是，**逃避不面對、不看清楚害怕的事或人，反而會因自己不實的想像而放大了「害怕」，終究成為巨大的恐懼，或巨大的謊言，自欺欺人，會逐步吞噬自己的存在空間以及誤導人生方向**。

父母病逝後，那強烈的擔心害怕不再了，取而代之的是悲傷，**悲傷讓我漸漸安靜下來**。神奇的是，我能從周圍細微訊息，從夢裡，從許多巧合的事件，感覺到他們仍存在，C也仍在，他們以不同的能量不同的方式環繞在我身邊。事實上，我傳承了許多他們的氣息與生命態度，有點懂得何謂生生不息。我也發現，**要克服恐懼，尤其是對未來的不確定，對死亡的恐懼，比較有效的方法就是盡快去做想做的事，或在道德倫理上覺得應該做的事，確實付諸行動**。

**想做或該做的事，一直掛在心上沒去做，必須花很大的力量與空間去承載。尤其，看見了自己也曾做了對不起他人的事，若不面對致歉，反而刻意逃避或找出更多理由辯解，只會與自己的心靈越來越遠，內心將會滋生更多的恐懼焦慮。**不過，這些內疚的感覺，大半藏在潛意識裡，非常幽微，需要勇氣、智慧、以及柔軟的心才能看見。我們都很愛面子，都希望自己是對的，是完美的，是強者，因此，要看見自己的錯，自己的脆弱，自己的黑暗，相當不易。

多次目睹親人好友死亡，大概已經能看見，也能感覺人生的無常與短暫，死亡就在周圍盤旋，隨時要取走任何人的生命，包括自己。每個人生命的長短，都是五十步與百步之間的距離，我們的時間都很有限。對人生無常又短暫的深度體認，驅策我一次又一次回頭檢視自己的生活與存在狀態是不是想要的，如果不是，那如何改變？怎樣才能創造比較貼近自己的每一天？

沒想到因為白色帶來的不自在感，引出這麼多沉重的往事。

# 39 買八件白色襯衫當工作服

恐慌症突襲那個夜晚，至今已過了十餘年，沒再復發，慌張焦慮感當然還是在，但頻率與強度都逐漸下降，這會反映在睡眠品質上。我還做不到徹底的無畏無懼，人生無常，環境瞬息萬變，覺得**適當的緊張也許是因應危機，增加生存機會的必須，但過度焦慮則會僵化身體與心智**。我的結論是，**近距離地觀看害怕本身，那種怕的感覺，會漸漸縮小，如果以癌細胞來隱喻恐懼情緒的滲透蔓延，那麼堅定銳利的直視眼神，或許像是放射線，可以阻止恐懼的擴大**。不過要讓癌細胞不要繁殖擴散，更根本的途徑應該是多了解癌細胞的存在條件，多認識身體這個小宇宙生態。

生命的本質，無論是人或動植物，大概都有想奮力活下去的本能。人的存活，有很長的時間得依賴他人，仔細回想有點恐怖，我們能不能好好活下來，有一部分是靠運氣，靠他人的恩惠。無論在家庭、學校、社會或是自然環境生態，都有生存競爭、資源相奪的現象；以自然生態的角度觀察我們活著的世界，理解萬物運行的規則，有些之前覺得委屈難以忍受的情境，好像就比較能忍受了，會比較容易擺脫過去的糾纏，將注意力放在當下，創造不一樣的未來。

二〇一五年的春天，我五十三歲了，那學期我剛從副教授升等教授，是在大學教書十三年來，最放鬆的一學期，我在大學部有一門「心理衛生」課程，也許對人的發展軌道越來越熟悉，也越來越信任自己，因此在教學上也更大膽開放，勇於實踐自己的教育價值。我不使用傳統教科書，而是選擇會讓人「觸動」、「讀得下去」、「想讀」的書或文章。要求學生在上課前先閱讀指定範圍，然後到課堂上討論。因為是心理衛生課程，我希望學生也能藉著這堂課，學習如何覺察自己的心理衛生狀態，自己親身體驗過的方法或知識，用來助人會更有說服力。

我也確認老師與學生之間的真誠分享互動，是促進學生自我覺察與吸收相關知識理論的重要元素，而師生對話討論的深度，教室空間氛圍影響甚大，因此我選擇讓人比較放鬆的木地板專業教室上課。由於場地的限制，只能收二十五位學生，我與學生都坐在地板上，沒有講台，沒有桌子，只有貼近地板的和室椅，我們可以近距離地看見彼此。

我不僅上課分享，下課後繼續以書寫方式，回應同學上課的討論內容、提問、以及個別作業。雖然僅是一週三小時的課，但因為與同學每週在文字裡交流，我覺得一整學期日以繼夜都與同學們緊密連結。

## 買白色衣服的動機

有一天，我看見一位長髮女學生，她穿寬鬆半袖白襯衫，搭配低腰淡藍窄管牛仔褲，自在地坐在教室角落。我被她的服裝吸引，或許是羨慕那簡潔帥氣的青春，就問她衣服在哪買的。我經常問學生哪裡有好吃好玩的，但這是第一次問學生，衣服在哪買的；升教授之後，反而更輕易遠離權威的教授形象，與學生像是一起學習的夥伴。

我去逛了她買衣的店，因為是平價連鎖店，衣服流動很快，已經找不到她穿的那款。也好，解決了我的尷尬，我努力地要與學生平起平坐，但不難發現，骨子裡還是無法放下為人師的身段，還是想要區辨自己與學生仍是不一樣的，無論在知識上或在生活品味上。心想，若與學生穿同款的衣服，會不會降低我在學生心中的地位，覺得我這個老師很平凡，沒有吸引力，就不想聽我講課，不相信我的話？我雖然不想讓人注意我的服裝外貌，但卻蠻期待他人能聽我說什麼，注意我大腦裡的思想，我似乎很少在這方面隱藏我自己，甚至有點赤裸，在思想這部分，我或許有點自戀，會阻礙客觀性。而為了讓人重視我，還是會在意容易被看見的外在附件。我穿著雖然低調，但出門前也會審視評估一下恰不恰當。此外，我發現我也會藉著所出版的論文、專書、以及職稱等外在條件，來增強自我價值感。

不過，寫論文、寫書背後的動力很多，有時來自對問題的強烈好奇，有時不捨一些人在受苦，希望自己的想法能對某些人有幫助，或是看不慣某些現象，很希望自己的「真知灼見」被聽見，改善社會環境。但，也有時候就純粹想要整理紛亂的思緒而寫。「增強自我價值感」並非是寫的動機，若真的**為了增加自我價值感而寫**，**大概是寫不出自己喜歡的東西**，自我價值感提升是意外的結果，因為當一篇論文或書本能順利出版時，那感覺真的很棒，覺得自己被接納、被認可，有社群歸屬感，有能力表達創作，自然會更相信自己，更有勇氣去做自己想做的事。

我仍怕寂寞孤單，還希望自己有用，有影響力，也希望社會能給我一個比較舒服的存在空間。只是，我期許被接納的是一個比較真實、不偽裝、不壓抑的自己，社會中的我與真實的我不要差距太大。

那天在學生介紹的服飾店裡，我發現了另一款白襯衫，大小適中，覺得比學生穿的那件更適合我。就先買了一件回家，穿了幾次，不但覺得自在舒服，也感覺到一種我之前不曾靠近的自己。咦？白色我「穿得起來」啊，鏡中的自己還蠻順眼，並沒有想像中那麼糟啊，小時候與白色衣服之間的負面認知似乎有了鬆動的可能。由於白色衣服易髒又難清洗，我也不擅長保護衣服能不沾咖啡茶水湯汁，折損率必定很高，就想多買幾件，只要發現很喜歡的衣服，我常買兩件，怕以後再也買不到，結果這回我共買了八件，大破紀錄，可見我與白色之間的糾葛情結實在很深，補償的心很強烈。白色似乎象徵某部分被嫌棄遺棄的我，終於把她尋回。

## 白色衣服的解放感覺

奇蹟地，我並沒有浪費，這幾件白衫成為近幾年的主要工作制服，春夏秋都能穿，尤其顏色與樣式可以搭配不同顏色的長短褲或褲裙，之前一些被我冷凍多年的衣服，好像終於找到了另一半，終於有機會曝光。三年多來，我出門工作，甚至旅行，都不太困擾該怎麼穿比較合宜恰當，省下不少時間、精力、金錢，之前總覺得要找到適合上班場合又能舒服自在的衣服很難。我對自己的外表比以往自在，比較少因穿不合宜的衣服而自慚，甚至偶爾也會聽到幾句欣賞我衣服髮型的話，我好像又脫離了一個不大不小的牢房。有趣的是，在這款白色衣服出現之前，我已經自己修剪頭髮一兩年了。我還不清楚，是因為內在自我越來越強了，所以才開始大膽修剪自己的頭髮，不管別人的看法，還是自我設計剪髮找到自己的喜歡樣子之後，對外表又自在一些，才能勇敢地穿起白色襯衫，這誰先誰後，怎麼開始的，都已經不可考，只覺得這一切都是相互作用循環，一個小的改變，自然牽動了另一個改變。

也或許，二十多年前C病倒之後，外型、身材以及一些外在的事物，相對都已不太重要了，我的人生像是經過劇烈地震大挪移、經過山洪瀑發後的洗刷，結構已重組。那個自憐自卑的我當然還是在，但比起生死大事，所愛之人隨時可能死去的威脅，外在的美醜已經沒什麼重量，長年穿最簡單款式的衣服以及暗黑色調，將自己藏起來，直到五十歲左右，才又抬起頭好好看天空、看自己，就在我終於又對這世界好奇，對自己好奇的時候，與這款簡單的白襯衫相遇，讓我有種解放的感覺。很難想像，衣服竟然有這麼大的魔力。**我們總忍不住注視櫥窗的模特兒裝扮，要尋尋覓覓的，莫非就是自己？**

寫這些枝節末端生活小事，某種程度也會覺得自己很渺小，因為世界這麼大，我怎麼就圍繞著衣服這樣無關緊要的事團團轉，一點也不像你的長輩，不像大學教授，反倒像是個一直還沒找到自己的小女生。

你媽媽總希望我能與你多聊聊，但我卻都不聊大事，盡是跟你說這些很小的事很細微的感受。事實上，它們大都藏在連我都不太知道的地方，寫了才發現的。你我相差一個世代，寫信給你，我不自覺沿著人生之河逆流溯溪而上，看見許多匯聚到這條大河的支流，看見之前不曾見到的景觀生態，越走越慢，不捨離去。**在天地之間，我確實是一個小小的點，但接收到的宇宙卻又如此浩瀚無窮。**

## 40 空手而返的成就感

原本只想告訴你廚房水槽通了之後，黃昏一個人走出Chelsea公寓的解放心情，為了讓你能有畫面比較容易想像，就稍微素描自己，當時我雙手空空，沒有背包，沒有側肩包，什麼包都沒帶，連換了美國電話號碼的手機也留給Bill使用，寫到穿「那件寬鬆白色上衣」時，就不能克制地想起了過去與白色衣服之間的關係，忍不住又寫進過去，差一點出不來。

那天穿的寬鬆麻質長褲，前面有兩個平口袋，右邊放了一張花旗現金卡（Debit card），左邊口袋放鑰匙與一百元美金，心想，這應該就夠我買任何想要的東西了。八月下旬的曼哈頓，太陽西斜到快看不見的時候，經常會吹起清爽的風，我腳步飛快，輕易地穿越一個又一個街口，已經觸肩有些重量的直髮，被風打散飛起，脖子涼涼的，寬鬆白衫像帆隨風鼓脹，風透入身體，好舒服。Macy百貨公司的方向是東北方，我前進或右轉都可以，幾乎不受交通燈號影響，通行無礙。可以容納兩部車寬的人行道，總是擠滿人潮，尤其下班時間。我穿著厚底適合走路的拖鞋，身無一物，一個人在人潮裡流動，沒有負擔壓力，彷彿走在自己家鄉的街道一樣。那個時刻，我當真以為自己是這城市的一份子，是本地人。我又開始喜歡紐約了，不像前幾日的疏離厭煩，人的心情真是多變啊！

Macy坐落在34街與35街，第七大道與Broadway之間，這四條馬路圍出來的巨大區塊都屬於Macy，樓高十多層。在曼哈頓行走很難迷路，主要街道都像井字型規劃，東西向叫street（街），以數字命名，從南到北數字越來越大，南北向叫Avenue（大道），也是用數字命名，從東到西依序排列，但中間有一條南北對角的Broadway Street（百老匯街）。兩週前從第六大道右轉34街，要到中城，才知道Macy這麼大，才看清楚它的大門長什麼樣子，來來回回進出紐約二十八年了，我從沒仔細逛過這家將近兩百年、號稱世界最大的百貨公司。而也是兩週前，我才意識到從我住的公寓西21街走到Macy，只需穿越十條街與一條大道，很近，不到二十分鐘。我有點好奇，為何我會與這巨大百貨公司如此疏離？在台灣是經常逛百貨公司的，還沒出國讀書前，也常陪我媽逛百貨公司，對百貨公司一點也不陌生，在紐約讀書的我，難道是另一個我？不同於台灣的我，那是怎樣的我？

走進Macy，我直接跳過一樓化妝品區到二樓，超大面積的鞋子、包包、服飾區，看不到盡頭，許多都是台灣有進口的昂貴品牌。我慢慢走，還沒想到要買什麼，只想認識這個空間，真的很大，一直走，一直走，邊走邊看商品，怎麼都走不完，心想，以後白天大太陽沒地方去的時候，可以來這裡吹冷氣走路。而沒多久就發現，這些在台灣很昂貴的品牌，動輒上萬的衣服，在這裡的價位大概都不到三分之一，可能是入秋換季，百貨公司有折扣，多數的商品，我好像都買得起，比台灣百貨公司的本地品牌還平價友善，如果我有購買慾，我可以輕易地像在台灣一樣，大包小包盡情採購。

這個空間，雖然是第一次仔細逛，卻覺得很熟悉。那一刻，我比較清楚意識到，我已不是當年在紐約讀書時的我，那個經濟拮据、邊緣、失落、悲傷，戰戰兢兢，只想盡快完成學業離開紐約的留學生。然而，即使現在經濟能力已經不同了，或許打從一九九二年秋天住進曼哈頓開始，人生已經變天，吃喝購物與玩觀光景點皆非我所長，我二樓走一圈，也沒看到特別想買的東西。那天，就買了一件紐約當地品牌的寬鬆棉長褲要送你媽媽，覺得你媽會喜歡，若她不要，我可以接收。我的爸媽與兄姊對我講話都很誠實直接，不拐彎抹角，因此買給他們的禮物都得自己喜歡，預防被退貨。天很快就黑了，就覺得該回家了，雖然僅逛到二樓，意猶未盡，但知道Bill在等我吃晚餐。

## 返樸歸真的飲食

帶著很小包的東西，離開那麼大的百貨公司，也是一種成就感，一種解放。好像我刻意再次讓自己去接受物慾的考驗，讓自己暴露在五光十色的商品中，測試自己是誰，我還想要什麼，我還缺什麼，還有什麼不足，還有什麼欲望？剛開始也覺得有點興奮，怎麼這些「名牌」衣服鞋子價位都很友善了，也認真地去翻找有沒有哪些衣服鞋子穿在我身上，我會因而更喜歡自己，更自信昂首闊步走在街頭，結果是空手而歸。

這個「空手」竟然不是失望，反而有點興奮，我努力了很多年，要過簡單的生活，一有空就會清理家裡東西，看看有沒有什麼東西可送人、丟棄、或回收。只是，這有如逆水行舟，走一步退兩步，相當不易，因為進來的東西，還是比出去的還多。不過，越是困難的事，一旦達到了，成就感會更高，以前提著大包小包好像手上的戰利品，有點得意，但現在逛街若能空手而返，反而覺得這勝利更是得來不易。

Bill果然煮好晚餐等我，阻塞多年的水管疏通了，整個公寓的空氣好像也跟著流動了，呼吸特別順暢，雖然晚餐還是幾樣菜與一片鮭魚一起清煮成湯，什麼調味料也沒加，我吃得津津有味，隨著不同的食物進入嘴裡，我不自覺說了多次「好好吃哦！」Bill半年前決定不吃加工食品，包括愛喝的紅酒、啤酒、麵包、義大利麵都戒口，食物不炒、不煎、不炸，不用調味料。我剛開始蠻難適應，會在外面吃之前的慣性食物，但在家懶得自己另外煮，只好認命吃他煮的。剛開始吃覺得沒什麼味道，但他會放超過十種以上的食材，因為沒有調味料，反而能品嚐到各自的味道，味覺好像變敏感了，也開始與各式各樣蔬菜根莖產生了一種難以言喻的親密感。

## 決定重返舊地——Edisou

水管通了，接下來還有什麼該做的事？好像每次回紐約，就是要修繕公寓，修繕人際關係，與一些朋友見面，以及處理一堆問題，就只剩一週要回台灣工作了，這一週還要做些什麼呢？

我想起前幾天寫信給你，寫到不預期地買了一把二手吉他，想起一個人在紐澤西州羅格斯大學附近的小鎮獨居時，與音樂之間的意外連結經驗，那段日子的點點滴滴隨之浮起，心跳加速，越來越無法靠近。當時，我起了念頭，不如直接坐火車到紐澤西

Edison，去看看我之前住的房子，去湖邊走一圈，然後繼續搭NJ Trainsit火車，南下到美麗的普林斯頓大學，然後再南下到位於賓州費城的天普大學，我剛到美國讀碩士的學校，勇敢地沿著留學時代的路徑走一圈。

我很訝異，原本不堪回首，不想回頭看一眼的地方，竟然起了念頭，覺得是該去走一趟的時候了。但是，光是想像這些地方，想著那條通勤多年的路線，心已揪緊怦怦跳動，臉發熱，手在顫抖，覺得氧氣不足，胃酸不斷湧出……，我不得不離開鍵盤，停止打字，停止讓自己繼續掉入那個時空。

唉！回憶辛酸過往果真不易，即使已經過去了，所有的塵埃依舊真真實實地揚起。當時不得不擱置Edison的往事，暫時逃開先清理周邊的小戰場，我感覺大敵當前，卻無力直接交戰，仍繼續寫信給你，只是岔開到不同的時空，同時也繼續每天在曼哈頓走三、四小時的路，感覺紐約，感覺自己。然而，獨居小鎮的往事繼續逐漸浮起，但許多記憶卻模糊了，有時還懷疑，那是真實的地方嗎？

水管通的那天黃昏獨自閒逛Macy百貨之後，也不知為什麼，覺得很想走一趟Edison，而且有種非去不可的急切。或許解決了一個累積多年的問題，才終於心有餘力，繼續面對下一個。

晚餐時，我告知Bill明天要去紐澤西，回去之前住過的小鎮Edison看看，問他要不要一起去，我語氣平靜，慢慢嚼著食物，看著窗外，思緒已在遠方，他應該很輕易判斷，即使他不陪我，我也一定會自己去。

# 41 再一次踏上Edison

隔日，清晨寫作結束，約中午時分，我們就準備好出門，想循著二十七年前從紐澤西通勤到紐約大學的路線，去找曾獨居的小鎮，我已不記得門號，也不確定Edison這個小火車站是否還在。

當年從紐澤西Edison要進入紐約，最便宜的方式是搭紐澤西州火車到Newark，然後換搭只要一美元的地鐵Path。雖然紐澤西火車可以直達紐約，但若在Newark下車換Path地鐵，可以省一點車錢，而且可以在比較靠近紐約大學的9街下車，只是到了Journal Square得轉另一班車才能進入紐約，得換兩次車，大約需要兩小時，像機票一樣，中途轉一兩站總是比直達便宜。

Bill建議直接去33街的總站Pen Station搭火車直達Edison比較方便快速，不用複雜地轉車換車。我不要，就是要沿著原來的通勤路徑，他似乎有點懂又無法真的懂我在幹嘛，但看我完全沒有妥協的空間，他很快退讓，不像平時那樣固執己見。

搬離紐澤西之後，再也沒有搭過Path，也不知道是否還存在。我記得離Bill公寓最近的23街與第六大道附近有一站，我們找了一下，沒看見Path的標示，一度以為已經結束營業了，Path與紐約地鐵並非同一家公司。問了附近的商店，終於找到入口，比一般地鐵還深入地層，已經可以用地鐵的通行卡，車資從一塊調到兩塊七角五分。當我進入Path地鐵車箱，聽到站牌訊息廣播時，立刻覺得很熟悉，好像就與過去連結了，這二十七年的時間，一下子忽然消失。

## 空間不變，彷彿時間也靜止不動了！

地鐵駛出曼哈頓進入紐澤西之後，就鑽出地面上，不再一片黑暗，過去的記憶也逐漸鮮明真實。快到Journal Square這一站時，車箱裡廣播告知乘客這列車將前往Hoboken，要到Newark的人必須在這站換車。當我們下車時，Bill在月台前後走來走去，若有所思，然後突然說，他四十年前在紐澤西大學教書，也是在這站下車，當時他住在曼哈頓藝術家集聚的格林威治村，每天通勤到紐澤西教育學院上課，然後他繼續到處走動觀望，彷彿在尋覓過去的蹤影。Bill在此結束短暫的五年教書生涯後，開始想成為一個作家，去找回感覺，他說他是一個失去感覺的人，從此再也沒有回去教書。

他原本只是陪我來，卻沒想到在此遇見他的過去，我覺得有點不可思議，Journal Square竟然是我與Bill的共同記憶，雖然我們在這個地方出現的時間相隔十餘年。我心想，「感覺」是不是很昂貴，讓他得用畢生之力去找回。那，是誰偷走了他的感覺？而我呢？我是一個有感覺的人嗎？會不會連失去了都不知道？

我們在月台僅等幾分鐘，往Newark的火車就進站，火車搖搖晃晃半個小時之後，抵達終點站Newark。走出Path鐵路月台時，要走一段室內通道到NJ Transit火車站買票換車繼續往紐澤西方向，我的記憶開始鮮明，因為在紐約與Edison之間通勤一學年，換站買票重複太多次，過了這麼多年，路徑好像是一樣的。但此時車站內到處都是自動售票機，我特別到相當少數的人工窗口排隊買票，當手上握著往目的地車票時，才踏實地覺得這都是真的，不是夢，不是虛幻的，火車還在，車站還在，真的有Edison這個站。

我有點恍惚，車站人潮快速流動，過去在此車站短暫停留換車等車的影像清楚播放，無數的旅客曾在此地穿梭，然後永遠消失，但是，車站仍是原來的車站，空間不變，時間也彷彿靜止不動。

NJ Transit比Path寬敞舒服很多，上了火車坐定位置，不久穿制服戴帽子的列車長就出現，幫新上車的人剪票，然後在前方座位椅背插入一張卡片，標示下車的位置，在火車即將到站前會來將卡片收回，提醒乘客下車。我有點吃驚，我是回到時光隧道還是怎樣，列車長服裝、走路樣子、走入車箱面對乘客，大聲宣布下一個停靠站的語調，怎麼都與之前一個模樣。這真是很奇怪的感覺，世界依舊日復一日在運轉，一切都在，並無不同，是我在老化，在消失中……。

沒多久，我都還沒完全回神，列車長走過來將夾在我們椅子前方的票收走，通知下一站是Edison，我深呼吸準備下車，拿起手機，想從站牌開始將影像存入手機裡，好像曾經失去過，這回要好好拍照記下來，成為一個真實的存在，再也不要從記憶裡消失。車站是在另一邊月台，繼續南下往普林斯頓的方向，中間隔著好幾個鐵軌，可以清楚看見建築的全貌。我有點驚訝，車站蓋得像是一棟小房子，淺綠色微斜的屋頂，中間還有一個小閣樓，像家般歡迎遊子歸來。之前完全沒有印象車站是長成這樣，這雅緻的小建築難道是新的嗎？還是因為我之前從沒好好看過？

## 枝繁葉茂的日本楓樹

住在Edison這一年，入秋開學，隔年夏天剛到、學期就差不多結束，研究所課程都從下午四點開始，將近七點下課，從紐約回到家通常已經九點天已黑，也許不曾在白天從這個月台方向看見車站全貌。

走出車站，覺得很陌生，不記得前面是大片停車場，但憑著感覺，沒多久就找到從住處到車站之間那條熟悉的大馬路，整齊典型的美國小鎮住宅區，兩旁都是一棟一棟各自獨立的兩層樓房子，有前院後院與車庫，還有人行步道，車少，空間相當寬敞，相對於台灣擁擠不太美觀的街道住宅，年輕的時候嚮往住在這種美式房子，舒適寬敞的郊區生活。此刻，將要步入花甲之年，小鎮的郊區生活，對我不再吸引，只覺孤單，尤其周圍都是所謂的一般正常家庭，更顯得自己的格格不入，住在多元生活方式共存的大城市裡比較自在。

門號路名都不記得了，只清楚知道位置，是大馬路的最後一間，路程並不遠。路標寫Central Ave，對這路名有熟悉感，記憶又稍微回來一些，我腳步開始加快，很快到了路的尾端，一眼就認出那棟房子，白色，二層樓，屋前院子有一棵日本楓樹，小型細緻的葉片，二十七年前與我差不多高，秋天的時候，所有葉片都會變得鮮亮透紅，非常漂亮，現在不但比房子高許多，樹冠體積也比房子大，我只能摸得到最底層的枝葉，心想，秋天時，這棵樹一定非常非常耀眼，很想再回來看它。

車庫門口，停了一輛紫色的TOYATA最小型平價的Tercel，那是我之前的停車位，我腦海裡立刻浮現我們當年的小喜美，是HONDA最小型平價車，好像會住在這裡的人，大概只能負擔得起基本生活。既然門口有車，應該有人在房裡，我若想拍照，最好徵求住戶的同意，就步上階梯登上屋簷下的走廊。大門還是有兩個，左邊門是一樓大門，右邊門連接樓梯是直通二樓，之前我住樓下，房東住樓上。

我聽到一樓有電視聲音，就輕輕敲了左側門，敲了好幾下，才終於有人開門，是一位年輕的女性，蓬鬆紅色短髮，睡眼惺忪，一臉困惑打量我，我很歉意地告知來意，她才放鬆下來，讓我自由拍照。我們小聊一下，她告訴我房東仍在鎮上開樂器行，已經結婚搬出，樓上也租人。我跟她要了房東的email，其實我與房東一點也不熟，也不記得他的模樣，但不知為什麼就想確定這個人是真實的存在，雖然後來也沒寫信給他。

我拍了很多相片，也讓Bill拿我手機，幫我與房子與樹合影，每按下一個快門，一張張清楚影像留在手機裡，屬於那棟房子的往事，那心理的重量感似乎也漸漸變輕，我那天穿寬大的白色麻質長袖襯衫，一條很舊的寬筒淺藍泛白牛仔褲，放鬆地坐在門前階梯上，與房子，與門前碩大的楓樹合影。

繼續往湖邊方向走，足球場已經圍起來，草坪修剪整齊，不像之前像野地雜草叢生，旁邊也有兒童的遊樂場，之前可以直接穿越足球場到湖邊，現在得繞路。到了湖邊，歡喜看見湖裡停了一群大雁，Bill說是來自加拿大，是Canadian goose，但我怎麼覺得牠們就是一直住在這裡，因為二十七年前我就看到牠們在這裡。理智上，我知道應該不會是同一群，但長相一樣，在水面悠遊，慵懶清理羽毛的模樣都無不同，讓我有種幻覺，我與二十七年前的我，距離實在很小很小，空間景觀都不動，時間是否也不曾動過？那人生的浮動紛擾，悲歡離合，痛苦糾葛……，這些曾經真真實實的感受要擺到哪裡？**如果沒有了時間感，它們還有重量嗎？**

我沒有答案。彼時夏末午後兩三點，天很藍，雲朵潔淨純白，太陽不再惡毒，但也沒有很溫柔，仍驕慢刺刺耀眼，萬丈光芒更明顯清晰，風一來，湖面彷彿蓋滿金沙，只覺得這影像、這感覺是新的，不曾在記憶裡出現過。

# 42 如何知道自己喜歡什麼？想做什麼？

今天收到你的回信，你說你是在咖啡店寫的，我想像你一個人在咖啡店對著筆電書寫整個下午，覺得那畫面很美，也覺得你是在意我、相信我，願意用珍貴的假日時間，獨自在咖啡店寫信給我。我也喜歡躲到無人認識我的咖啡店寫東西，尤其當我遇到瓶頸，或是能量很低，不知如何是好的時候，只要安靜地在咖啡店裡寫或讀，幾個小時之後，好像就會有光透進來。

這回在紐約過暑假，覺得最美好的事之一，就是寫信給你。當讀完你媽媽傳來你們之間爭吵的訊息之後，就很想告訴你些什麼，雖然還不知道那是什麼，但有個期盼是很清楚的：我希望你、希望你爸爸媽媽弟弟都能有美好的人生，希望我所有的家人、周圍的人都能好好過生活。我覺得我應該做點什麼，不能再拖了。

我也好希望我們的親人Y能好好過生活，卻無能為力，我質疑自己，我有盡力了嗎？有時午夜醒來，閃入他的影像，想到他莫名其妙突然就消失了，胃酸翻攪，不能再睡……。

曾試著面對面與你談，或用電話說，但覺得很困難，無法開口，可能有預感，說了也不見得有用，以前也當面對Y說很多，我說話很容易激動，也容易淪於說教。或許，來寫寫看好了，卻沒想到，這一寫，就寫到現在，仍想繼續寫，覺得還有很多想寫的，原來我有這麼多話想說。只是，學校將要開學了，我的工作蜂擁而來，一想到時間會不夠用，可能不得不中斷，就覺得焦慮沮喪。但反過來說，我又多了一件想做、喜歡做的事，生活就多了一點希望感與活力。有喜歡做的事等著，每天持續做一點，日子比較容易過下去。

你的疑惑是「我怎麼知道自己喜歡做什麼？愛做什麼？」

表面上這似乎是很簡單的問題，但是越是深入面對自己，越會覺得這是不容易有確定答案的問題，而且可能一直到老，都還是會變動。就像我完全沒有預期，寫信給你會成為這段期間，每天清晨醒來最想做、最重要的事。它會讓我歡喜起床，走進廚房，煮一大壺淡淡黑咖啡，打開筆電，點出檔案。只要能專注地寫兩三小時，就覺得這一天沒白過，至少已經做了喜歡做的事。我並不知道會寫出什麼，往何處去，有時候也會卡住，想逃開不寫了，這時，就換個檔案，將這種無力無感的狀態如實地打下來，或記下夜晚的夢，或重讀之前寫的東西，不久，感覺就會慢慢甦醒，然後，被喚起的感覺就會帶著我去寫，或去做其他喜歡的事。

## 觀察當下的自己，想要什麼的感覺會自然浮起

所以，不知道自己喜歡做什麼，想做什麼的時候，只要耐心地等待，去找書讀，看部好電影，去旅行，去上課，去找朋友聚聚，觀察他人的生活，參與體驗外在世界，每天花點時間仔細地觀察自己當下的狀態，那種想要什麼的感覺就會自然浮起。

有點像是釣魚，安靜地等著，魚兒會上勾，或者等到肚子餓了，就會自然想吃東西，很餓的時候，什麼東西都會變得很好吃。當然，知道自己喜歡吃什麼，穿什麼樣的衣服，喜歡什麼樣的人，或想去哪裡旅行，相對是比較容易的，也容易達成目標，但要找到自己喜歡又有能力實現的職涯與生活方式，的確很不容易。

我在大學教授「自我探索」、「心理衛生」、「夢與自我知識」，在這些深度認識自我的課程裡，發現很多學生其實很困擾，不是很清楚自己想做什麼或能做什麼。看過不少

學生，學校課業成績還可以，從學業成就中慢慢建立自己的價值感，但同時也一直被課業綁住，總有一堆要考的試等著，最終可能考上公務人員，或憑著學歷找到不錯的工作。

一些學生，努力讀書，是為了能找到待遇與工作環境都還可以的工作，可以獨立養活自己，也沒多想自己真正喜歡什麼，愛做什麼，就只將書本裡的文字記下來因應考試，好像征服了一本教科書，學習一結束，就與這些書永別了。如果不考試，很少主動找書來讀，或許考試求職的負擔已經很重，也有不少同學必須打工賺生活費，沒有時間心情多想其他。

我也經常在校外上課，對象都是在職的社會人士，發現許多人工作一段時間之後，開始對現有的工作厭煩抗拒，但也沒有其他更好的工作環境可以維持生計，就困住無法動彈。工作沒有活力，下班很累，多數人只能藉著吃重口味的食物、購物、滑手機、看電視來放鬆，但是這些活動，多半是**消費他人做好的「成品」**，**不太能增強自己各方面能力**，要能翻轉工作困境，找到更好的工作機會就更難了。生存本身現實殘酷，他人的恩惠慈悲大都是短暫不久長，自己得有實力才能在人類社會擁有一個安適的存在空間。

與多數人一樣，我覺得讀大學可以拓展自己的存在空間，只是在選擇大學的科系時，我確有考慮自己的興趣與好奇，沒有以賺錢作為讀書的目的。這或許與成長環境有關，我父母學歷都不高，但卻能賺錢養一堆小孩，我們的小鎮到處都是只有小學畢業的黑手老闆或做小生意的人，所以不認為讀書與賺錢有絕對相關。

書是我的朋友，不將讀書當工具，閱讀本身就是目的，這應該是我與書本親密關係能維持至今的關鍵。不過，雖然我是因為好奇而選社會系就讀，但是讀了四年社會學之後，也還好，覺得夠了，沒有很大的熱情繼續，就自然分手，轉向心理學，覺得與他人的距離，與自己的距離都有點遠，想多了解一點人的內在世界，學習心理學是二三十歲時的需求，但後來又不同了。所以，我說有些人可能無法在很年輕的時候，就很確定自己喜歡做什麼，而且一直持續下去，我就是其中一個。

畢業後從事幾個工作，也都好奇興奮一陣子之後，就慢慢會抗拒上班，無法忍耐主管的督導監控或是厭倦重複性的工作，這時自然會問自己，我還有沒有其他出路。因為與書本的關係還不錯，覺得繼續讀書也許是一個可能出口，就一邊工作一邊準備，前方有想前進的去處，當下的每一天都在為這個目標做準備。

從此，一個目標接一個目標，以為下一個階段的人生會更好，相信只要多讀一點書，學歷墊高一些，就能多擺脫一些人來管你；如果能多體驗異鄉文化，就能多開展視野，心會更自由。光是要實踐這些想望，就讓我非常忙碌興奮，有好一段時間不想人生的意義是什麼這類的問題。很多人說，有欲望——譬如有想要的東西，或許是物質、或許是名望、或許是愛情、或許是自由，這些欲望都是生命的動力，蠻有道理的。

## 在黑暗處重生

我一路積極挺進，好像也頗順利，然後也與一般女性一樣，想結婚生子。我想，如果當了媽媽，眼神注意力應該也會像很多媽媽一樣總是將眼光停留在小孩身上，圍著小孩團團轉，一心一意要將小孩養好、照顧好，大概也沒空去問自己喜歡做什麼了。能創造新生命本身已經意義非凡，小孩就是媽媽的創作，是媽媽的最愛，彼此連結這麼深，能夠影響孩子的時間這麼長，應該也不會有多餘的時間去問生命的意義是什麼。

雖然現在覺得父母長期將注意力都放在小孩身上，或將小孩當是自己生命的延展，這對雙邊的人生發展都會有阻礙，但我覺得，我應該還是那種很難將自己的目光從小孩身上挪開的媽媽。

只沒想到人生會有這麼大的意外，**有些人對我們而言，實在太重要，好像是自己的一部分，像父母、手足、戀人、好友，同感共生，他們的死亡或離去，彷彿自己的一部**

**分也跟著死亡或離去一般，讓我們與塵世若即若離**。多年來，我費力將自己撐住，撐到博士畢業，撐到工作穩定，努力穩住自己不要崩潰。

取得博士學位那年從美國回來，大哥開車載著爸媽與大嫂到機場接我，我在桃園機場出入十餘年，爸爸第一次與我同時出現在桃園機場，我驚喜感動，爸爸西裝筆挺，媽媽穿正式套裝，他們真的在意我完成學業。

回到家，大姊準備超大束的美麗鮮花相迎，家人都在，為我慶祝，我們一起拍了很多相片。但是後來我媽對我說：「你為什麼看起來攏莫歡喜，悶悶不樂。」我聽了嚇一跳，我的情緒真的那麼明白寫在臉上嗎？心裡覺得有點歉意，大家為我高興，我卻讓家人掃興。後來仔細看沖洗出來的相片，我的確無法開懷大笑，有點像皮鬆了，但肉仍是緊的，沒有跟著展開。我想，當時應該是放鬆大於歡喜，雖然終於完成了一件大事，沒有辜負家人長期的支持，實現自己曾經的夢想，但也已經精疲力盡。

那時，我不到四十歲，卻覺得滄桑歷盡，也覺得自己是個罪人。那一兩年，大概沒有特別想要做什麼，要什麼，只想隱世躲避人群，簡單安靜過日。

大約從三十到五十歲這二十年，我不太能想自己喜歡做什麼，想過什麼樣的生活這類問題，有時念頭升起，也是背景，不是焦點，要能安穩地活著就不是一件容易的事。

我會羨慕擁有健康伴侶、生養一兩個小孩、夫妻都有一份不錯工作的小家庭。或許因此，我少與過去朋友往來，朋友多數都是這樣的小家庭，看到他們會難以自處。

我會怕參加歡喜熱鬧的婚禮喜宴，我無法承受這種甜蜜幸福的場面，學生邀請我參加他們的婚禮，我經常抱歉地說：「不好意思，我有婚禮恐懼症。」記得剛開始在大學教書不久，無法推辭地去參加一位學校同事的婚禮，新郎新娘無論外型或社會成就都很亮眼，婚禮很高檔，美麗的餐廳，精緻的料理，溫柔浪漫的音樂，到處是上等香檳玫瑰，但我卻一直覺得呼吸困難，坐立難安，之後就盡量不再勉強自己了。

不過，也**因為特殊的人生際遇，讓我提前直視自己，往內在世界深探，鬆開相當「社會化」的自己，逐漸往「個體化」這端移動，看著另一個我誕生成長。**社會性的我已經不是生活的全部，除了與人類建立關係之外，大自然有無數各式各樣的生命形式，我也想去認識、去連結，我慶幸沒有因為巨大的失落與挫折而放棄自己。

## 閱讀、電影、研究他人怎麼過生活

然而，要鬆開周圍的人與社會價值對自己的牽制，鬆開深根柢固的「社會性」，活出更自然多元的生命原貌並不容易。除了因為遠走他鄉，因為生活突然天崩地裂而出離社會主流之外，我有閱讀的習慣。許多時候，與書在一起，比與周圍的人說話還有趣。

我也會對作者產生好奇，想去了解這些作家的人生，他們的每日生活是怎麼過的，怎麼能寫出這麼好看的書。也很感謝他們的文字，讓我有機會認識他們的世界，讓我能穿越時空與他們相逢。只要有一本好書在手，就不會覺得寂寞。書像一道門，開展視野，也是深度的心靈陪伴。

當欣賞某些人的所作所為時，會好奇他們平時是怎樣過日子。例如，在台南家教班的那幾年，開始讀村上春樹，後來就追蹤這個人的新書到現在，相當羨慕他的生活。他清晨五點多起床開始寫作，七點與妻子吃早餐，然後繼續寫到十一點多，自己煮點輕食準備午餐，他喜歡下廚。飯後，聽輕柔的古典音樂，在沙發上午睡三十分鐘，下午慢跑、閱讀、修改編輯已經寫成的文章，晚上與妻子到餐廳或酒館晚餐，十點一定上床睡覺，規律地過每一天。

雖然很羨慕過這樣的生活，卻不敢奢想。最根本的問題是我沒有寫作才華，斷定自己絕對不可能以寫作為生。雖然距離村上春樹甚遠，但至少我知道我喜歡什麼，每天睡前讀幾頁想讀的書，清晨醒來，端一杯咖啡到電腦旁，能寫一兩小時，就是小小的幸福。

經過了將近三十年，我看見自己正小步小步靠近我喜歡的生活。村上春樹喜歡慢跑，我除了游泳，這幾年愛上走路，也養成幾乎每天一定會讓自己走一點路的習慣，專心運動過後的幾個小時，我很少對自己失望，對周圍的人也比較有容忍力。我也喜歡下廚，煮非常簡單的食物，裝在一個大碗裡，邊吃邊看完一部電影，但我沒讀過村上春樹吃晚餐配電影。

電影是這一、二十年來相當重要日常活動，是認識人、認識世界、以及培養想像創造力的通道，每天晚餐時間，只要沒有外出，就是看電影時間，影片來源幾乎全部來自我任教大學的圖書館，已經很多年不看電視節目或新聞了。即便我還沒走遍世界，沒有認識很多人，沒實際經歷很多事情，但是因為書本與電影，無論到哪裡，雖僅是與當地的人或景物初次相逢，卻常有似曾相識的感覺。

我與村上春樹的生活有很多的不同，我明白，他是他，我是我，我們的存在條件差異太大，永遠不可能一樣，但相同的是，我每天慢慢有固定喜歡做的事，生活像音樂一樣，有了節奏韻律感，每日醒來有期待，有希望感，不慌，不無聊，不會有生命無意義的感受。那個時刻，存在就是一種美好，不需要擁有什麼。**練習只專注在當下一個小小的目標，一個時間，就只能做一件事，能做多少算多少，手上總是有喜歡做、等待完成**

**的事。每天若有一股清新愉悅的能量，比較能放過自己，放過別人，**也會少一些內疚與遺憾。

經常有學生困惑地跟我說不知道自己的人生目標，不知道自己喜歡做什麼。說真的，我比較沒有這樣的困擾，除了遭遇重大失落的時候。

從書本雜誌裡，從電影裡，常發現讓我羨慕的人，羨慕的居住環境，羨慕的生活方式，羨慕的關係，羨慕的工作。但是，羨慕別人的人生，有時會讓我很悶，覺得自己什麼都不是，甚至覺得自慚，他人的生命怎會如此有深度質感，我為何如此淺薄庸俗？但情緒過後，視野與想像力也增加了，會想辦法去改變自己的處境，所以還是會繼續好奇別人怎樣過生活，想知道他們如何成為他們的樣子。

## 發現更深層立體的自己

除了書本、電影之外，我現在的工作很特別，常有機會被人邀請一起探索潛意識世界，發現很多時候我們外表光鮮亮麗，內在世界卻一團亂，過得很辛苦，也有時像無知的國王，以為自己穿上美麗的新衣，但事實上卻什麼也沒有。看見自己與他人生命的千奇百怪樣貌，會讓我更明白想要過什麼樣的生活。

能有現在的工作生涯，要感謝Bill強力拉著我去向歐曼醫師學習讀夢團體的帶領。我將夢的知識與小團體工作理論方法融入我的教學、研究與實務工作，這過程當然是相當挑戰，要在職場上有自己的主體性、能創新、實踐自己的願景、不被控制、不純粹只是跟著群體走的羊，這談何容易，但是**一旦知道自己喜歡什麼，懂得自己在做什麼，那力量是很大的，多數的困難阻礙都會迎刃而解**。

二〇〇五年，回台教書的第三年，我從剛起步繁忙高壓的學術工作裡，每天擠出一點時間翻譯我老師歐曼的著作，連出國度假都不間斷，小電腦都放在背包，隨身攜帶出國，每天清晨固定工作一兩小時後才外出。終於以一年半的時間譯完讓《讀夢團體原理與實務技巧》在台灣出版，也陸續寫了兩篇夢相關論文，這麼多年來也從未間斷地帶領讀夢團體，包括其他的成長團體，平均大約每週帶一天的團體。

二〇一三年我在台北成立了一個長期性的讀夢帶領人訓練團體，成員都是一起讀夢多年的熟悉夥伴，開放度相當高，我邊帶邊寫，很想將十多年來讀夢的經驗與心得寫下來，讓更多人能運用這方法認識自己，了解他人，三年後出版了我的第一本書。這些都是我喜歡做、主動去做的工作，表面上與我的學術職涯沒有什麼關係，例如翻譯的書不能當升等著作，例如夢與潛意識這個議題相當不被社會工作專業重視，而且常被扭曲排擠，但我仍一直繼續投入至今，因為**這些喜歡做、主動去做的事，會讓我的心砰然躍動，更有生命力，也更喜歡自己**。

出書是不可高攀的夢想，沒想到第一本書的出版過程，順利到我幾乎不敢相信。不過，第二本書《好好存在》就沒那麼容易，共被四家出版社拒絕，漂流一年多，我一次又一次閱讀修改，終於離手，好像瓜熟蒂落，這過程我反而覺得比較真實一點。

從撰寫很少人閱讀的學術論文到現在寫比較多人也有興趣看的書，又是另一個巨大挑戰，書寫帶領著我一點一點去靠近藝術領域。**我覺得能熟悉並喜歡任何一種藝術表達方式的人，是很幸運的，藝術可以接近更真實的自己，如果有能力創作出讓他人看了、讀了、用了會感動，自己也會感動的作品，這樣的人生是幸福的。**

**一旦進入創作的世界，就像進入一個秘密的庇護堡壘，無人能占有或毀滅。知道自己喜歡什麼，而且規律有節奏地成為一種習慣去做，就不容易被突來的狂風暴雨淹沒，不容易被虛幻的海市蜃樓吸引而迷失在沙漠裡。**

除了每天做一點喜歡的事，我也持續地回法鼓山禪堂打坐。每年固定回禪堂打一兩次禪七，可以短暫放下幾乎停不下來的工作，可以好好休息療癒損壞的身心，也能鬆開一部分的認知偏執，化解反覆無法完全斷離的自我嫌棄感。

靜坐協助我專注此時此刻，就**只把這一刻過好，過去未來也都會一起跟著好**。禪修與書寫是相反的方法，禪是放下放鬆，什麼都不想，只要能放下一切，坐好坐穩，心境就會像坐直昇機一樣，直線上升高峰。相反地，寫是絞盡腦汁，耐心解開糾結，速度很慢，像蝸牛一樣，緩緩無聲前進，但會清楚深刻地留下痕跡。**這兩種安身方法都一樣難，得日以繼夜慢慢練功，與練習彈奏樂器，畫一幅畫的過程，都差不多，必須接受無數次挫折，最終才能有片刻與自己，與周圍空間、人、物，甚至宇宙合而為一的時光。但那片刻的統合，已經足以給我們希望，去忍受生命的日常與滄桑，也能讓我們重新排列生活的優先順序，創造更貼近自己的存在。**

一年又一年，日積月累，有覺知地探索自己，研究自己，挑戰自己，也提醒要溫柔對自己，在精進與放鬆之間取平衡，我的努力好像有了回報。困擾我許久的孤單、焦慮、生氣、自卑、覺得自己很可憐等，這些比較不舒服的感覺狀態，慢慢稀釋淡化。此刻雖往六十歲邁進，但無論是工作、關係、或心境安穩度，都覺得是這大半輩子以來，比較好的狀況。

我期待夜晚睡覺時間的來臨，好奇會有什麼夢境，會經歷什麼世界；也期待清晨醒來，在太陽還沒跳出之前，就已經能在電腦前喝咖啡敲敲打打鍵盤。寫是我研究、思考、解惑、療傷、與創造的途徑。**寫就是直接面對自己，將資料完全攤開，才能不斷歸納排列組合，才能發現之間連結，也才發現資料的貧瘠殘缺。一旦看見不足，就會繼續思考，繼續尋找，繼續寫，這樣無數遍的循環錘鍊，才能慢慢接近答案。**

原本以為五十歲過後，一切都要走下坡了，大勢已去，但截至目前為止，好像不是我原來的想像，反而覺得這世界越來越豐富立體，奧妙非凡。我太自以為是，多數時候是自己嚇自己，把未來想得很糟。

# 43 勇敢與自己同在，人生無人能代理

我仍有很多的大怕小怕，仍怕受傷或病痛，仍為親人、學生、朋友的痛苦而難過，仍怕浪費金錢，仍怕遇到壞人，被偷被搶被傷被控制，怕天災人禍……，說來說去，就是怕失落，怕失去自由，怕死亡。能健康安定地活著，能無畏無憾善終，這需要很多的努力與運氣。所以，你若真的問我，怎麼知道自己喜歡什麼，愛做什麼，也許就是盡力跟著感覺走，別全然跟著別人的期待、跟著社會的意識形態。

他者的想法可以參考，可以同理，可以某種程度和平共處，暫時給人方便，但絕對不是帶領自己人生方向的最高準則。只要你安靜下來，觀察欣賞周圍世界，欣賞自己，感覺自己，對自己多一分尊重與勇氣，想做的事全心全意去努力，大概就不會偏離自己太遠。

每天清晨醒來打開電腦那一刻，我經常很茫然，腦海一片空白，不知要寫什麼，不知自己內心世界裡在想什麼，不知我還有沒有創作力，尤其持續多日忙碌地工作以及因應日常生活沒了沒完的雜事之後，與自己的距離很快就拉遠了。

清晨書寫時間，是與自己在一起的時候，但有時候很多天，甚至一兩週，連這樣的時間都沒有，光是處理外面的世界，就手忙腳亂，當終於可以回到自己的時候，都陌生了，一時之間也難以相處，得花一點時間慢慢靠近。剛開始面對這種空白茫然，會沮喪，像個空殼子，什麼也不是，不喜歡看見這樣的自己，很想逃，很想離開。後來，我開始觀察當下自己的樣子，注視自己的空洞頹廢，寫下心煩不滿，有時只需幾分鐘時間，有時需要幾個小時，也有可能需要幾天，無論如何，那種空白茫然感終究會散去。

**分享了這麼多自身茫然的經驗，其實說來說去就是想告訴你，迷路沒關係，茫然不知去處也無妨，只要有想要與自己親近，自己必在不遠處等著，一定會找到的，一定會知道自己喜歡什麼的，勇敢地與自己的茫然在一起。茫然困頓的時刻，或許我們再也無法相信什麼，連自己都無法相信了，但無論如何，都要好好與自己在一起，不背叛自己、離開自己，要把自己好好守住。我們的人生，也只能靠自己去創造，無人能代理。**

唉！我花這麼多時間與力氣，很努力避免自己成為愛說教的長輩，寫到這裡，終究忍不住現出原形，說得這麼直白。

## 44 美麗的意外夏天

那天離開Edison，繼續南下普林斯頓大學拜訪Bill的朋友，已經沒時間去費城了，晚上我們從普林斯頓直接搭火車進入曼哈頓33街的火車站，不再到Journal Square轉車，暑假預計在紐約住一個月，也接近尾聲。

雖然只在紐約短暫停留一個月，Bill與我的作息還是有一定規律，因為時差，無法像在台灣一樣固定清晨起床，但無論半夜、清晨、或中午起床，第一件事就是到廚房用最簡單的美式咖啡機煮滿一壺咖啡，然後安靜地坐在筆電前寫點什麼。

Bill小時候立志要成為植物科學家，但取得植物學博士、教書不久就離開，全心全意想當作家，至今仍不改其志。而我沒有鋼鐵意志要成為什麼，但求能獨立自主，無論是精神上或經濟上，不要看人臉色，不要得依賴誰才能過日，其他就隨緣而轉。

有時，覺得自己像隻變形蟲，沒有固定的型，沒有自己的樣子，大部分時候是去適應別人，適應既有的環境，但也不會完全放下自己，總能找到縫隙發展自己，進而轉化環境。因為Bill要寫作，不一起吃早餐，我也只好跟著電腦一起喝咖啡吃早餐，讓我有更多的時間可以寫，也寫出習慣。

後來發現寫讓我在精神心靈上更獨立自主，更自由，體驗更深層的滿足快樂。人生經常很弔詭，我順應Bill，配合他的每天清晨固定寫作，加上自己原本夜晚的工作習慣，慢慢寫出一些著作，穩定了大學教職工作，更重要的，是一點一滴寫出自己，寫出想要的生活。而從另一個角度，Bill也順應我來到陌生的異鄉，雖然生活在他不熟悉的環境，但可以不被生計現實所困，穩定持續寫作閱讀。人與人之間，人與環境之間，是共變共生的。

用電腦打字寫中文日記，是一直等到二〇〇二年我回台灣教書之後。去美國讀書前我有先自學英文打字，可不看鍵盤英打，在美國讀書那麼多年，打了許許多多報告，包括論文，英文打字已不成問題。但回到台灣工作，最大的障礙是中文打字非常慢，因為必須看著鍵盤找注音符號，不但速度慢，也影響思緒，跟不上大腦思考造句的速度，每回一封email，都耗費大量時間與力氣，工作效率很差。

我警覺，若要在學術界生存，必須練好中打。我教書生涯第一學期超忙碌，一學期教五門課，還得處理很多行政工作，根本無法靜下心學新東西。好不容易等到寒假，立刻開始自學自然輸入法的許氏注音法。這個中文輸入法可以結合英打的鍵盤位置，我苦練了兩週後，雙手大約就能記憶鍵盤，自動跟著中文發音移動打字，不但節省了我很多工作的時間，因為電腦螢幕出現字句的速度與大腦輸出差不多，書寫也比較流暢，又可大膽修修改改，不怕好不容易打出來的字，刪掉可惜。因為打字順暢，不看鍵盤，思緒比較不容易被打斷，寫的過程就常會出現「心流」（flow）的體驗，有時忘我，有時豁然開朗，就越來越享受書寫，從此我在電腦上寫的時間越來越多，就像每天一定要吃飯睡覺一樣。

## 做一個自己喜歡的人

雖然我沒有立志要成為什麼，只盼望獨立與精神自由，但這已是巨大工程，這一輩子再怎麼努力，應該都沒把握能達到完全無懼自在的境界，常常以為好多了，但生活節奏稍為一翻攪，心境很快又烽火四起難以安住。寫作已成為我面對無常的方法，寫的過程就能釐清問題，會不知不覺有了新發現，藉著寫，我能循序漸進地，或突然頓悟地看見問題，以及各種問題之間的相關與連結，也能發現問題的矛盾與邏輯不通之處。

從小我怕「作文」，無法依照老師的期待寫，很難在有限的課堂時間內，完成一篇作文，非常擔心下課鐘響了，仍是白卷，就像有時失眠，眼看著鬧鐘都要響了，還是無法睡著，很恐怖。我早認為自己沒有天分，當然不敢奢想成為作家。但我會偷偷摸摸地寫日常雜記，只寫給自己看，不公開，覺得有些想法很重要，就想記下來。我對人生有畏懼，有困惑，常覺得寂寞孤單，沒有歸屬感，會想東想西，像是「人為何活著」這種茫然無解的問題。寫會讓我覺得自己是個思想家，覺得自己正在透視宇宙的秘密。寫也是一種與自己對話相處的方式，就像閱讀一樣，寫本身就已經是目的。**我書寫並非為了「作文」，應該是為了好好活著，為了做人，做一個自己喜歡的人。**

這回寫信給你，是個意外，非常美麗的意外。若不是你的提問，若不是哀慟年輕的Y意外離去，我至今大概仍無力去寫這段過去，無法這麼靠近地寫過去的悲傷、無力、愧疚，也不會想重返Edison。與陰暗的自己同在，的確需要勇氣與因緣。

我不知如何指引你的未來，畢竟我們的存在條件以及人生際遇這麼的不同，只有你自己有最高權力與行動力，為每一天每一時刻作選擇。此外，每一次的抉擇後果，是你自己要承擔，沒有人能幫你過日子，這讓我更難建議你什麼。反而，你的茫然困惑，你的提問逼著我自問，我在你這個年紀的時候，是怎麼做抉擇？怎樣去承擔每個抉擇的後果？我心安理得了嗎？我後悔了什麼嗎？我現在自在了嗎？夠獨立了嗎？

既然無法告訴你該怎麼做，那或許我能做的，是盡可能誠實地與你分享我自己，特別是在人生困頓不明的時刻，情境雖不同，但我相信內在的感受必有共通處，也許能減少你的孤單感。然而，這過程我發現，**即使我想誠實，也不見得有能力看見自己的全貌，我能知道的自己，並不等於全部的事實。當看見自己像個武士，英勇向前，披荊斬棘時，會歡喜迎向前，向自己致意，但是當隱約感覺到自己懦弱苟且偷安，像烏龜一樣，背著厚重的殼，躲在暗處縮頭保命時，就很想快速掉頭離去。**

## 過去的自己，等著現在的我

看見已經不容易，誠實地白紙黑字寫下來，更難。剛開始在紐約與你用臉書訊息對話，想到什麼就打什麼，但後來越談越深，範圍越大，逐漸無法即時在線上打了，就像很多事情無法在電話裡說清楚一樣，必須來來回回一遍又一遍地仔細查看，再讀再寫再改，才能看見端倪，**我沒有辦法一眼看透自己，看清過去，看清他人，看懂事物的全貌，真相似乎一層又一層被藏匿著，或者真相就赤裸地在那裡，只是我自己的偏執與逃**

**避矇蔽了雙眼**。我忍不住在電腦裡開了一個新的檔案，之後連續寫寫改改了十個月，每天清晨寫一點，不用外出工作的假日，就到咖啡店寫到過午，我原本以為一兩個月的時間會寫完，寫清楚，寫明白，但沒想到一個月又一個月過去，就是無法劃下句點。

我自顧著寫，進入巨大迷團裡，暫時停止寄給你，也不太管對你是否有幫助，寫到深處，好像就我一人，旁邊的世界都變模糊了。原以為自己年輕時的經歷能幫助你些什麼，現在覺得這實在有點傲慢，好像自己是英雄似的，仔細近看，竟然有那麼多難以啟齒的時刻。看見已經很難，寫下來更難。一方面會再度經歷那些不舒服的感覺，而寫比說更慢，更折磨，如果無法接納這些難堪的時刻也是自我的一部分，最終還是會逃離，這需要時間，更需要勇氣。

我慢慢放下想幫你的念頭，我無法幫你或任何人什麼，只能盡可能誠實勇敢地面對自己。我提醒自己，試著用科學的態度探索自己，分析自己，然而，當我看到破碎雜亂之處，忍不住心傷難過，也忍不住想去修補清理，越是潛入深處暗處，難度就越高越危險，幾乎無法分心去寫別的。這期間我婉拒了很多工作邀約，總期盼假期的到來，可以給自己多一點時間。

有時，心裡另一個聲音響起，不耐煩地說，夠了，別再繼續寫這些了，這是沒有意義的，我正在浪費寶貴的時間，這不是工作，也不是在享樂人生，也不是既有的人生目標，我在幹嘛？是不是太任性了，任著自己一直盤旋穿梭過去。

但又會有另一種聲音出現，苦口婆心地勸說，**過去那些跌撞破碎的自己，好不容易等到此刻的自己有能力回頭救援，那些哀怨的自己，好不容易等到此刻的自己願意傾聽，那些矛盾內疚的自己，好不容易等到此刻的自己懂得理解**，數十年的光景終於等到這一刻，怎能匆匆離去？

## 謝謝你陪我到過去，帶回遺落的我

看見了過去經歷的驚慌茫然，此刻覺得，人生如此艱辛，能存活至今，不討厭現在的生活，**每天會有一些歡喜感恩時光，偶爾能與他者分享點什麼，有勇氣老實地做自己，應該就是英雄了**。喜歡莎士比亞的一句話："All is well that ends well."意思是說，只要結果是好的，過去的一切無論是怎麼困難波折也都好了。這句話是我第一次投稿《*Journal of Cross-cultural Psychology*》的主編送我的，我們互動一兩年，論文經過多次曲折修改後終於刊登，他最後寫信恭喜我，並用這句話安慰我之前所歷經的種種挑戰。

**我們對過去的感受，會因為此刻的狀態，而有完全不同的詮釋，不同的看見，不同的**

**感受，如果此刻的我們，能真正地安穩自在，過去受傷受難的我們也都會隨著療癒復元。**

又再度入夏了，沒想到，只單純地為了回應你一個問題，竟然寫了這麼久，從去年盛夏開始寫，寫到秋天欲罷不能，進入冬季時有點寸步難行，到了春天又有進展。兩週前，我讀了你的夢，覺得你在轉化中。夢裡，你養了八年的小馬爾濟斯犬美尼怎麼變成獨立強壯的黑白混色土狗，你困惑不解，覺得這不是你的美尼，又真的是你的美尼，無論如何，你還是接納牠，幫牠洗澡。你最後的理解是，小狗的變化象徵你生命的轉化，內心越來越獨立自主，已經不再是嬌貴完全得依賴他人照顧的寵物。

我很驚喜你對夢的理解與蛻變，你一篇又一篇回我信，深入探索自己與周圍世界，覺得你這一年來，改變很大，之前對人生的茫然，對生命的困惑，引領著你更積極地往內在探問，也更勇敢向外在社會伸出觸角，擴展你的存在空間。我看見你慢慢放下對自己與對他人的評價，取而代之的是好奇、研究、分析、理解、關懷，多了一些客觀與溫柔。昨日母親節，你主動帶著Pizza、炸香菇、脆豆腐、藍莓起士蛋糕等一堆美食，邀約男朋友、表哥表嫂們、以及我的兩個姊姊一起到我家聚餐，熱熱鬧鬧幫你的母親阿姨們慶祝母親節。那一刻，就覺得這封寫了十個月的長信差不多可以暫告一段落了。

謝謝你陪著我走入難以過去的過去，陪我走到遠方，將一部分的自己帶回。

# 後記：安的來信

自從開始寫信給姊姊的女兒安，至今快要兩年了，她的變化讓我既驚艷又觸動。因為她的提問和陪伴能力，也因為她真誠的回應，寫起自己的故事與我分享，以及她面對陰影的勇氣，鼓勵我一步步潛入過去的深水區，才終於有這本書的誕生。在書稿即將交給出版社的前夕，我邀請她寫一點近況與感想，以下是她的來信：

小阿姨：

從妳手中收到寫好的序，再次細讀這本書，仍感動不已！從一開始妳只是單純的想寫信給我，後來它變成一本書的初稿，再到現在長成這個模樣，我參與了這本書誕生的過程，看到它不斷地在轉化。

**對我而言，有一個人相信我，願意跟我分享私密的往事，讓我感到自己被人重視、被人信任，我在過程中嚐到了好好被對待、被珍視的滋味，光是這個過程就足以讓我覺得自己很重要，相信自己可以克服困難，有能力去改變。**

時間回到二〇一八年的六月，剛看完妳寫的《好好存在》這本書，那時，恰巧上妳曾提過的一位教授同事的教育訓練，在課堂上欣賞她的活力與朝氣，覺得她正在做自己喜歡做的事，進而想到妳，我想到我也常常看到妳對生命有活力的樣子。於是我私訊了妳，告訴妳不管是在人生規劃、未來職涯上，有關於我的茫然。我提到：「覺得不能再繼續這樣下去了，我對於這種茫然，不知道自己在幹麻，不知道往哪裡去的感覺很厭煩，坐著高鐵北上，看到沿路快速經過的風景，覺得這些年的時間就像高鐵一樣，咻一下就過去了，不能說這些時間是浪費，但就是覺得停滯有點久了，我想談一談……。」

打完這段話的我，在高鐵上淚流滿面，不能自己。然後我又繼續打著：「想找尋自己的方向，我想努力，但不知道朝什麼方向努力，雖然現在的工作，不是沒有意義，但我不想要僅此而已。」

那時的我，不滿意自己的生活很久了，在政府機關底下工作，少了與人連結的深度，容易流於形式，也少了溫度，受僱於人，在上對下的權威氛圍下，時常受限，沒辦法全心致力於工作上，好好的發展自我，縱使覺察到生活上的困境，但對於自己想要放下一切，鼓起勇氣追求一段新的旅程，並沒有強烈的動機想去改變，也有很多不安全感，我無能無力去改變，並對於自己的無能感到沮喪及厭惡。

我對於自己將來何去何從有很多質疑和疑問，開始回到多年前的大哉問，人死後，究竟可以留下一些什麼？人終會死去，那活著的意義是什麼？我為什麼麼活著？對於當下，我的確認真活了，我沒有愧對我的工作，休息時也好好休息，也常常出國，用力地玩，但是，什麼才是我要的？

後續因為家庭悲劇，我們共同的親人，還很年輕的Y意外離去，導致這個對話暫時中斷。待家族把事情處理好以後，暑假已放了一個月，妳回到紐約，寫信告訴我妳想與我多聊聊，開啟了這個契機，妳與我分享了很多過去及現在在台灣、在紐約發生的事情，妳一篇又一篇很真誠的寫，我一篇又一篇的讀，也被故事觸動著。

一個夏天過去了……雖然妳沒有正面回答我的問題，但我的注意力被妳的來信吸引，開始期待妳的來信，透過妳的書寫，彷彿看到妳過去生活的點點滴滴，就像坐時光機般，回到一九九二年我尚未誕生前的時光，在時間的洪流裡穿梭，看妳從過去長成現在這個樣子。一年多來，在工作崗位上，我依舊忙碌地接案，寫個案紀錄，我持續的看妳寫給我的信，但有好幾次，心裡其實有點心酸，久久不能自己。

在我心中，妳是一個沒有長輩威權的長輩，在我上大學之前，只知道妳在大學任教，甚至不知道妳其實就在社工系教書。妳是熟悉的親人，但妳的學術專業、妳的內在卻離我很遠，我不算了解妳。開始與妳有比較親密的交集，是始於我國中時，因為長期以來對於家庭管教感到不滿，與父母嚴重衝突，對這個世界憤世嫉俗，路開始走偏之際，妳約我出去吃飯，帶我去買新衣服，陪我聊聊天，寫信給我，拉我一把。但我從來沒有想過，認識很久，擁有穩定職業，看似光鮮亮麗的妳，在很早以前就要面臨生存與死亡，在親密關係的兩難中抉擇。妳一路不放棄希望，忠於自我，絕處逢生，揮荊斬棘，在人生的關卡上，一關又一關的生存了下來……。

要有勇氣，一層又一層的剝開自己，把自己擦亮，面對那些成長過程中的不堪，很不容易。表面的活力與朝氣，若無其事，底下卻是心酸與沉重。**讀這本書的過程，像是經歷一次生存實錄，步履維艱，曲折離奇，常常重擊我的心，直至心中深處，可是這個陰暗處往往透著一絲光，讓人看到一些希望與轉機。**隨著故事的發展，也感染了我，讓我開始去寫自己的故事，再度覺察自己與父母的關係，我如何成為今天的我，如同妳信中所提及：「覺察是改變的開始」。

仔細回想，我仍不確定改變是什麼時候發生的，或許是過去不知不覺當中，累積對自己的不滿，到了一個時間點而促成下定決心要改變，我開始認真問自己想做什麼，想成為什麼樣的人。一直以來，我對於人的內在發展有很多的好奇，但現在的工作已無法滿足我，我想將探索的觸角向外延伸，覺得自己需要更多學習，才能脫離目前處境。於是我開始積極準備報考心理諮商研究所，確定那是我想去的方向，雖然我知道心輔所競爭激烈相當難考，我終於鼓起勇氣去面對。

我開始著手準備研究所甄試的資料。準備過程發現，最大的障礙就是撰寫研究計畫。過去沒有參與國科會計畫，沒有論文撰寫經驗的我，要如何去完成這不可能的任務？萬事起頭難，起初對於篩選研究主題感到茫然，妳善意提醒我去連結自身經驗，選擇自己好奇有興趣的議題研究，寫起來才會真實有力，才能打動人。

我想起從小被父母要求認真念書、上才藝課，到了青春期與父母嚴重衝突，也曾經活過一段荒謬的歲月。那陣子每天都感到無聊，覺得去學校、去補習班都沒有意義，人生就是很無聊，對這個社會感到很不滿。大學畢業後，因工作因素常接觸到兒童與青少年，竟然發現大多兒少普遍與我有共通性議題，我想研究這方面的問題。在書寫研究計畫的過程，我覺得與自己越來越近，意外地，年輕時的茫然困惑好似有了出路和解答。

妳說，寫研究計畫與一般讀書考試不同，除了要閱讀大量的文獻理論佐證假設以外，還需要獨立性思考，批判性思考的能力。我為此閱讀了很多書，參考很多文獻資料，撰寫過程中將學術理論套用於生活面，才發現學術論文不像過去我所認為的僵化、無聊，也見識到自己將自己框架在小世界，有多渺小與不足，才知道外面的世界有多麼寬廣與遼闊。花了一年多的時間，終於完成自己有興趣的研究計畫初稿，在截止日期的前一天將所有甄試的書面資料寄出。

二〇一九年十一月我獲得了第一次面試的機會，那是十人一組的團體面試，結束後我激動地傳訊息給妳：「從開始回信給妳，再到確定要準備研究所，這一年多來，好不容易今天有面試機會，完成今天的面試，一切走到現在，特別不容易，回想起來也有點不真實，一年前的今天，我一定沒想到我能越過自己內心的障礙，一關又一關，可以來到這裡。」我非常興奮，覺得自己在團體中表現很好，已經盡力了，信心滿滿。不久，又收到另一個學校的面試通知，也是最後機會，我告訴自己要繼續好好努力，不要錯過。我繼續查閱相關期刊及文獻，積極閱讀諮商理論學派，找朋友陪我練習會談技巧，並請教正在讀諮商所朋友的報考經驗。

第二次口試甄試是個別進行，當天，一共分成兩部分，前面是九分鐘的個案演練，後面是三分鐘的教授口試。在個案演練過程中，個案因情緒激動而落下眼淚，我安靜地陪伴，我們之間度過一段漫長且沉默的空白期，等他情緒稍平復，再重啟對話，我沒說到幾句話就被時間到的響鈴打斷，被迫結束了，而後面教授口試的時間僅有三分鐘，我也沒有完全把想說的話說出來，時間又結束了。面試結束，我有點無奈與沮喪，覺得考試時間太短，我沒有辦法完全表達自己，但個案落淚的那一刻，我不想打斷他的情緒，顧不了我其實正在考試，「應該」說些什麼來表現我的專業，卻沒想到時間一下就過，想對個案說的話都沒時間說。

隔天，前一個面試的學校放榜了，我沒在榜單裡，連備取都沒有。我很意外難過，我自認不輸人，那天的表現不比人差，為什麼是別人上榜？原本的自信轉而被沮喪、失落取代，覺得是不是自己太自我感覺良好？等待第二間學校放榜的期間，我已經對自己沒有什麼信心，甚至都找好了補習班。妳告訴我說：「心輔所真的很競爭，我的很多學生都考很多年，很難第一次報考就考上。」，認識的心理師告訴我：「走過的路都會有意義，我們在其中練習與各種不同的狀態面對面，也在其中成長茁壯。」經過幾天的沉澱，心情才稍微平復。

我漸漸接受失敗，也有心理準備重新出發，沒想到兩個多禮拜後，我看到最後面試學校的錄取榜單上有我名字，看到榜單，幾乎不敢相信，甚至懷疑隔天我的名字會不會不見了，當下我立刻打給妳，告訴妳錄取的消息，我聽妳在電話的另一頭大聲尖叫，好像比我還高興，告訴我要把這艱難的歷程記錄下來。

我走過一場內在真實的戰場，一路上被許多學校拒絕，連口試機會都沒有，其實讓我已經對自己沒有什麼信心，開始質疑是不是自己不夠好，失落、自卑，那些負面情緒占滿了我的內心，已經不抱期待。而知道考上的那一刻又從谷底升起，這過程都像作夢般恍惚，不敢相信這是真。不過，也是歷經等待放榜時的失敗與煎熬，我更加確定內心有多堅定，研究所這條路是自己想要的，自己是如此渴望改變。

成長的路上，有時堅定，有時茫然，有時感恩自己所擁有的一切，有時又欲哭無淚。這本書融合了每個人成長路上所可能經歷的酸甜苦辣，我在裡面看到自己部分的影子，給了我寫下自己故事、剖析自己、改變自己的勇氣。妳真誠地寫下自己，**以真實的妳喚起我去面對自己的真實，妳用妳的生命故事影響了我的生命，讓我有力量去行動。**過去這一段期間的改變與際遇，妳驚訝地對我說：「安，你改造了你自己。」其實連我自己都覺得不可思議，踏過千山萬水，我總算能走到這裡，是感動，也化為一股動力，我想這份影響還會繼續著……。

（全文完）

國家圖書館出版品預行編目資料

與己同在：寫給茫然時的你我 / 汪淑媛著. -- 初版. -- 臺北市：啟示出版：家庭傳媒城邦分公司發行, 2020.05
面； 公分. --(Talent系列；47)

ISBN 978-986-98128-6-3 (平裝)

1.自我實現 2.自我肯定

177.2　　　　109003365

Talent系列47

# 與己同在：寫給茫然時的你我

作　　者／汪淑媛
企畫選書人／彭之琬
總 編 輯／彭之琬

版　　權／黃淑敏、邱珮芸
行 銷 業 務／莊英傑、王瑜、周佑潔、華華
總 經 理／彭之琬
事業群總經理／黃淑貞
發 行 人／何飛鵬
法 律 顧 問／元禾法律事務所王子文律師
出　　版／啟示出版
臺北市104民生東路二段141號9樓
電話：(02) 25007008　傳真：(02)25007759
E-mail:bwp.service@cite.com.tw
發　　行／英屬蓋曼群島商家庭傳媒股份有限公司城邦分公司
台北市中山區民生東路二段141號2樓
書虫客服服務專線：02-25007718；25007719
服務時間：週一至週五上午09:30-12:00；下午13:30-17:00
24小時傳真專線：02-25001990；25001991
劃撥帳號：19863813；戶名：書虫股份有限公司
讀者服務信箱：service@readingclub.com.tw
城邦讀書花園：www.cite.com.tw
香港發行所／城邦（香港）出版集團
香港灣仔駱克道193號東超商業中心1F　E-mail: hkcite@biznetvigator.com
電話：(852) 25086231　傳真：(852) 25789337
馬新發行所／城邦（馬新）出版集團【Cite (M) Sdn Bhd】
41, Jalan Radin Anum, Bandar Baru Sri Petaling, 57000 Kuala Lumpur, Malaysia.
電話：(603) 90578822　傳真：(603) 90576622
Email: cite@cite.com.my

封 面 設 計／李東記
封 面 攝 影／汪淑媛
排　　版／極翔企業有限公司
印　　刷／韋懋印刷事業有限公司

■2020年5月14 日初版　　Printed in Taiwan

定價360元



城邦讀書花園
www.cite.com.tw

 ISBN 978-986-98128-6-3